ジェンダーで見るヒットドラマ

韓国、アメリカ、欧州、日本

治部れんげ

光文社新書

序章

ジェンダーで
ドラマを見ると社会が
クリアに見えてくる

この本は、ヒットしたドラマをジェンダーの視点で見てみよう、という試みです。後に説明するように「ジェンダー」の枠組みで見ると、多くのドラマを一層、面白く見ることができます。本書では国内外、22本のドラマを取り上げ、ストーリーや登場人物の設定、セリフなどを「社会的・文化的性差＝ジェンダー」の観点から検討しています。

視聴者にとって、ドラマを見る目的は何よりも娯楽でしょう。仕事や家事、勉強で疲れた時、現実離れした面白いストーリーや、遠い国の話を目にすることで、大変な日常をしばし忘れて頭を休めることができます。特にインターネット配信でドラマや映画を見ることが当たり前になった最近、数年、数十年も前の作品や海外の作品を自宅にいながら簡単に楽しめるようになりました。

私は20年来の海外ドラマファンです。当初はレンタルビデオで、15年前はＤＶＤで、そして近年はAmazon prime videoやNetflix、Huluの配信と視聴方法は変化しましたが、気軽に非日常へ行ける楽しさは変わりません。

もともとはアメリカのドラマを見ることが多く、優秀で素《す》っ頓狂《とんきょう》な言動の弁護士たちを描く「アリー my Love」（１９９７）は、サントラＣＤを何度も聴くほど好きでした。24時間以内に核攻撃やバイオテロが起きる、という緊迫した設定の『24 -TWENTY FOUR-』（２００１）は、先が気になって止まらなくなり、徹夜続きで見てしまって仕事に影響が出たほどです。閑静な郊外の住宅地で幸せそうに暮らす専業主婦たちの隠された悩みを描く「デスパレートな妻たち」（２００４）を見ながら、自分の平和な生活を実感したこともあります。

純粋に趣味としてドラマを見て二十数年、転機は２０２０年２月に訪れました。友人に勧められて見た韓国ドラマ「シークレット・ガーデン」（２０１０）に頭をガツンと殴られたような衝撃を受けたのです。これは財閥御曹司《おんぞうし》と貧しいスタントウーマンの格差恋愛に、男女の身体《からだ》の入れ替わりというファンタジーを交えたドラマです。信じられないほどきつい性格の母親、記憶喪失、大事な家族の死といった要素は、今では韓国ドラマ定番だと分かりますが、当時はすごい！　これは何なんだ！　面白い！　と驚愕するばかりでした。

「自分はなぜ、このドラマに感動したのか」を考えるため、ＤＶＤ、ノベライズ、関連ムック本を購入。さらに何度も好きなシーンを見ては文字起こしをしてＥｘｃｅｌの表にまとめ、韓国の芸能サイトで日本語訳のあるものを読み漁り、納得のいくレビューを探してはいくつかを印刷して熟読しました。けれども当時は自分の感動ポイントをうまく言語化できませんでした。

　その後「シークレット・ガーデン」で主演したヒョンビンが出ているよ、ぜひ、見て！　と同じ友人から勧められた「愛の不時着」（２０１９）を見たことが、本書執筆のきっかけになっています。41ページで書いた通り「愛の不時着」はオーソドックスな恋愛物語の構造に周囲の人間関係を上手に織り込み、ヒーローとヒロインの性役割をひっくり返したところにジェンダー視点での新鮮さがありました。

　当時、私の本業は、ビジネスや政策、家庭生活をジェンダー視点で見て分析記事を書いたり、セミナーをしたりすることでした。大好きなドラマ作品の魅力を、得意なフレームワークで説明できる、と気づいたのをきっかけに、いくつかの記事を書きました。国内外のヒットドラマ作品をジェンダー視点で見る、という本書の企画は、それらの記事を読んでくれた、かねてからの友人で、本書の担当である永林あや子さんの提案で始まりました。

◆ストーリー展開をジェンダー視点で見る

ドラマをジェンダー視点で見ることの意義は、何より楽しいことです。謎解きや人生ドラマなど、何も考えずに視聴しても面白い作品はたくさんありますが、次のようなポイントを加えると、さらに面白くなります。

例えば、ストーリー展開で既存のジェンダー・ステレオタイプを踏襲《とうしゅう》するのか、ひっくり返すのか、両者をブレンドするのか。ヒーローはどの程度、マッチョなのか。ヒロインはどの程度、自立しているのか。物語の展開とジェンダー役割の変化には、いかなる関係性があるのか。メインストーリーを追うことに加え、こうした見方をすると、これまで気づかなかったことが見えてきて、ドラマをより一層、楽しむことができるのです。

例えば、アメリカの政治ドラマ「ハウス・オブ・カード：野望の階段」（２０１３）は、権謀術数《けんぼうじゅつすう》に長けた国会議員の男性が主人公で、彼が様々な汚い手を使ってのし上がり、大統領の座をつかむ様を描いています。文字通り「血も涙もない男」の常軌《じょうき》を逸した言動や政財界の駆け引きがメインストーリーです。そして、このドラマをジェンダー視点で見ると、別の物語が浮かび上がります。作中で描かれる女性リーダー像が、既存の概念を大きく変えるものだからです。

また、大ヒットした日本のドラマ「半沢直樹《はんざわなおき》」（２０２０）も、破天荒な銀行マンというメインキャラクターの周囲にいる女性キャラクターに着目すると、違う楽しみ方ができます。妻、小料理屋のおかみ、銀行の女性管理職や女性大臣は、なぜ、あのように時代遅れな印象を与えるのか。掘り下げると、日本社会の課題が見えてくるのです。

つまり、ジェンダー視点でドラマを見ると、作品を生み出した背景にある社会構造の問題や変化をつかむことができるのです。そんなわけで、本書では、ドラマとして純粋に楽しめる作品に加えて、表現には課題を感じるけれど、社会問題を的確に表現している、と思える作品も取り上げています。

◆ところで、ジェンダーって、なんだっけ？

ここで一度、基本事項をおさらいしましょう。ジェンダーとは「社会的・文化的性差」のことで、人が生まれた時に割り当てられる「生物的性差（セックス）」と対比して使われることが多い言葉です。

例えば、私（著者）は「女性」として生まれました。これは生物的性差です。成長するにつれて、社会・文化的な性差に触れることが増えていきました。まず、小学校時代は勉強ができたり、喧嘩《けんか》が強かったりすると「女のくせに」と言われることがありました。こうした発言は「女の子はおとなしくて控えめ」というジェンダーに基づく思い込みを前提にしています。

私が育ったのは会社員の父と専業主婦の母、２歳年下の弟という家庭でした。父と母は大学時代の同級生で、母は小学校の先生を３年つとめた後に結婚退職して家事育児に専念し、父がひとりで働いて家族４人の生活を支えていました。私が小中学生だった１９７０～１９８０年代、このような家族形態は一般的でした。当時は多くの家庭で「女性が家庭を守り、男性が外で働いて稼ぐ」という性別役割分担が行われており、働く母親を持つクラスメートは数えるほどでした。

一方、私自身の生き方は親世代とは異なっています。私は大学を卒業してから、２度の産休・育休を経て、ずっと働き続けています。会社員、自営業、大学教員と、仕事のやり方は二十数年間で変わりましたが、自分と子どもひとり分程度の収入を確保し続けています。「仕事」という側面から見た「私」は、大学時代の男性の友人たちとあまり変わりません。

私と母は生物的には同じ「女性」であり、家族構成は「２児の母」と共通していますが、社会的文化的性差という意味では、大きく異なります。母が結婚退職して家庭に入ったのは１９７０年代初めで、当時の女性にとって、それは疑問の余地がない「当たり前の選択」だったのでしょう。母は、当時のジェンダー規範に沿って主婦になったのです。

専業主婦に育てられた私たち娘世代の多くは、親と異なる人生を歩んでいます。仕事仲間の女性たちと話をしていると、自分自身は何らかの技能を持ち、専門職として働きながら子育てをしていて、自分の母親は専業主婦だった、という人が多いことに気づきます。

私たちと母たちの共通点と異なる点を考える際、「ジェンダー」の枠組みを使うとすっきり分かることがあります。私たちの世代（現在30～40代）は、母親の世代ほど強くは「女の子はこうあるべき」という社会のルールに縛られていません。女性も大学や短大、専門学校などに進学し、学んだことを生かして仕事をして、結婚や出産後も働き続けるようになってきました。

これは「女性は家庭に入るべき」というジェンダーに基づく社会規範が弱まってきたことが影響しています。少子化により、親が性別を問わず大事に育て「女の子もしっかり教育した方がいい」と考えるようになってきたことも、要因としてあるでしょう。

一方、現実社会にはジェンダーに基づく問題が残っています。例えば、夫婦共働きなのに女性がワンオペで家事育児をしている例は珍しくありません。ここには、他の先進国と比べて、無償ケア労働が大きく女性に偏っている日本の課題や、男性の長時間労働、男性は家庭のことをやらなくてもいい、という思い込み、すなわちジェンダーバイアスが影響しています。「半沢直樹」と「私の家政夫ナギサさん」（２０２０）を扱った項では、この課題を考えました。

◆現代日本の課題とつながるドラマのテーマ

ジェンダーに基づく諸問題は、国際社会や各国政府が取り組む政策課題です。日本では、内閣府男女共同参画局が中心になり、5年ごとに「男女共同参画基本計画」を作っています。２０２０年12月末に閣議決定された「第5次男女共同参画基本計画（以下、計画と略します）」でカバーしている論点の多くは、本書で紹介するドラマのテーマとも重なります。

いくつか例を見ていきましょう。

まず、新型コロナウイルス感染症の影響です。世界的に見て、女性は男性と比べて賃金が低く、不安定な仕事に就いていることが多いため、外出自粛の影響を強く受けており、これは計画の前文で触れられています。

また、計画の第7分野「生涯を通じた健康支援」の中では「医療分野における女性の参画拡大」の重要性を述べています。これらの問題提起は、カナダのドラマ「アウトブレイク―感染拡大―」（２０２０）を見ると、ピンとくるはずです。ドラマのヒロインは緊急衛生研究所所長であり、現実世界の新型コロナと酷似したウイルスに見事に対応していくからです。

アメリカから始まり世界に広がった、性暴力告発のMeToo運動は、日本のジェンダー政策にも影響を与えました。計画の第5分野「女性に対するあらゆる暴力の根絶」は、性暴力・性犯罪対策の推進などを扱っています。ここで記される問題意識と対策はアメリカのドラマ「ビッグ・リトル・ライズ」（２０１７）の扱うテーマと重なります。世界中、どの国でも起きているレイプやＤＶといった問題に政府機関がどう対応すべきか、ドラマを見た後に計画を読むと、何かヒントを得られるかもしれません。

子どもに対する暴力対策の重要性も、この第５分野に記されており、カナダのドラマ「アンという名の少女」（２０１７）が提起する諸問題とかみ合っています。同じ第５分野では職場や就職活動において女性が被害を受けることが多いセクシャルハラスメント防止対策についても書かれています。読者の中で、実際にはセクハラを見聞きしたことがない方は、韓国ドラマ「よくおごってくれる綺麗なお姉さん」（２０１８）を見ていただくと、被害者の置かれた状況や心理を理解できるはずです。舞台は韓国企業ですが、日本企業でも非常によく似た問題が起きています。

ジェンダーとは、先に書いた通り、社会的・文化的な性差のことですから、男性の問題でもあります。計画の第２分野「雇用等における男女共同参画の推進と仕事と生活の調和」は、女性が本当の意味で活躍できるジェンダー平等社会を作るために重要です。日本のドラマ「私の家政夫ナギサさん」は、元製薬会社の会社員でハードワーカーだった男性が家政夫に転身するお話です。今の働き方を男女ともに変える必要があることを、心温まる人間ドラマの中で伝えてくれます。

また、アメリカドラマ「サバイバー：宿命の大統領」（２０１６）やデンマークのドラマ「コペンハーゲン／首相の決断」（２０１０）は大学教授や政治家として忙しく働く男性が、当然のように家事や育児を担う様子を描いています。

日本は男女の家事育児格差が、他の先進国と比べて大きく、それが女性の就労継続や昇進を難しくしています。「ナギサさん」が提示した課題を、欧米諸国がどう解決しているか、いくつかのドラマを併せて見ると展望が開けてくるのではないでしょうか。

◆「集団主義」の韓国ドラマと「個人主義」の欧米ドラマ

このように色々な国のドラマをジェンダー視点で見ていくと、文化を超えて共通する課題に気づくはずです。実際、ジェンダーに関する国際会議に出席して様々な国から来た人と話してみると、議題には国を超えた共通点があることが分かります。さらに、比較の視点を持ってドラマを視聴すると、国や文化圏による「違い」が見えてくるのも面白いところです。

冒頭に記した通り、私がジェンダー視点でドラマを見るようになったきっかけは、韓国ドラマ「愛の不時着」でした。韓国は日本と文化的によく似たところがあり、年長者を敬うところや、職場の上下関係がはっきりしているところは「同じだな」と思うことが多々ありました。一方で、複数の作品を見比べていくと「違い」も気になるようになってきます。

特に韓国と欧米のドラマを比較してみて強く感じたのは「集団主義」と「個人主義」の対比です。本書で取り上げた韓国ドラマでは、ほぼすべての作品で、親が子どもの人生に過剰に介入します。「よくおごってくれる綺麗なお姉さん」、「私の名前はキム・サムスン」（２００５）、「ミスティ～愛の真実～」（２０１８）では、30代、40代になった子どもに実の母が「結婚しろ」と毎日のようにプレッシャーをかけ、姑が「子どもはまだか」と言ってきます。熱心を超えて教育虐待に至る「ＳＫＹキャッスル～上流階級の妻たち～」（２０１８）のような例もありました。

ドラマに登場するソウルと東京の街並みはよく似ていますし、韓国俳優と日本俳優は肌や髪の色で違いを感じません。似ていることが多いと、日常の延長で感情移入しやすいため、２０２０年２月から10月頃までの９カ月間、私は連日、韓国ドラマ漬けの日々を送っていました。この頃は、欧米のドラマを見ると「すごく違っていて遠い」感覚を覚えたものです。

ところが、本書を書くために、担当編集の永林さんに強くお勧めされた欧米ドラマを見たり、かつて自分が好きだった作品を見返したりするうち、国による違いを強く意識するようになりました。あくまでもドラマで描かれる世界観に限った話ですが、欧米、具体的にはアメリカ、カナダ、デンマークのドラマでは、ヒロインもヒーローも、個人として生きているのです。彼・彼女たちにとって大事なのは、第一に自分、第二に配偶者、並んで子ども。自分の選択によって形成した核家族を中心に物事を考えます。

主婦を描いた「ビッグ・リトル・ライズ」から女性首相を描いた「コペンハーゲン」まで、就労や家族形態は様々ですが、彼女ら・彼らは重要な意思決定をする際、自分の意思を最優先しています。その次に必ず出てくるのが配偶者です。仕事で新しいポジションを得た時は、妻や夫に真っ先に話をします。そして子どもがいる場合は、どんなに忙しくても、子どもの学校や心理状態を気にかけます。

つまり、欧米のドラマが描くのは、徹底した個人主義と核家族の世界観です。成人した男女が重視するのは、何より先に自分が作った家族であって、親はまったく関与しないか、登場しても子どもの意思決定には影響を与えません。

韓国ドラマでは定番キャラの「結婚しろ」とうるさく言う母親や「子どもはまだか」とせっつく姑は、欧米ドラマには出てきません。もし、仮に登場するとしたら「毒だから縁を切った親」という位置づけになるでしょう。日本の視聴者が韓国ドラマにハマる理由については、本書の韓国篇総論で掘り下げました。

個人主義の世界観に基づき、欧米ドラマが描くのは、孤独だけれど自由な世界です。ある年齢になったら、親は子どもの人生に口を出しません。子どもは自分の意思で人生を切り開くことができますが、確固とした意思を持たない人にとっては厳しい世界でもあります。

一方で、30代を過ぎても、子どもの人生に口を出してくる母親が登場する韓国ドラマが描くのは、切れない縁につながれた不自由な世界です。子どもは、良い学校に行き、良い就職をして、良い結婚を期待されています。期待に沿えないと、親はどこまでも介入してきます。

子どもの自己決定権を侵害する親に象徴される、濃いつながりの世界は、裏を返せば家族を見捨てない温かさでもあります。韓国ドラマに登場する酷い母親、酷い夫、酷い父親たちは、高い確率でセカンドチャンスを与えられます。欧米ドラマだったら、第3話あたりで縁を切られて当然の彼ら・彼女らとの絆を、子どもの側も切ることができないからです。

そんなわけで私は、その日の気分によって欧米ドラマを見るか韓国ドラマを見るか、日本のドラマを見るかを決めています。現実のしがらみに疲れて、いろんなことをバサッと切ってしまいたくなった時は欧米ドラマ、そうは言っても簡単に切れないよねえ……という気分の時は韓国ドラマを見ています。日本のドラマは両者の中間にあるような気がしています。

例えば「結婚できない男」（２００６）の主人公は40代独身男性。母親や妹一家と食事をすると、結婚について問われることもありますが、息子が突っぱねると、しつこく追求はされません。また「きのう何食べた？」（２０１９）の主人公は、当初、無意識のジェンダーバイアスに基づく親の言動にイライラさせられますが、物語の終盤では同性パートナーと実家でともに食事をして、ある程度は理解が進みます。そんなシーンを見ていると「欧米ドラマだったら、親はこんなこと言わないな」と思う一方、「韓国ドラマだったら、親はこんな風に子どもの主張を受け入れないな」とも思うのです。

このように、ジェンダー視点でドラマを見始めると、考えることがたくさん出てきます。本書では、現実のある側面を映し出すドラマ視聴を通じて、私たちを取り巻く社会を考え、他の国や文化との共通点や相違点を考える旅を、一緒に楽しんでいただければ幸いです。

なお、各ドラマの紹介では、ストーリーを詳細まで記しているところがあります。これから視聴する方は、まずはご自身でドラマを見てから作品紹介ページを読むといいかもしれません。

ジェンダーで見るヒットドラマ

韓国、アメリカ、欧州、日本

——目次

第二章

経済と性暴力の問題を統合する
アメリカドラマ

第四章
欧州とカナダのドラマに見る自己決定と幸せの相関

※シーズン数、配信状況は本書発売時点のものです。

第一章

ジェンダー意識の高い
韓国ドラマは
厳しい格差社会の反動？

사랑의불시착

総論：社会的テーマを正面から描く韓国ドラマ

第一章では、近年、すさまじい勢いでヒット作を量産している韓国ドラマから、６本の作品を取り上げます。

まず、第４次韓流ブームの火付け役と言われる大ヒットドラマ「愛の不時着」（２０１９）です。日本では２０２０年２月からNetflixで配信され、１年以上経った５月中旬現在も、人気ランキング10位以内をキープしています。北朝鮮の軍人と韓国の起業家女性の恋愛を中心に、人間ドラマを丁寧に描いており、ケアするヒーローと、大きな経済力を持つヒロインの活躍が見どころです。

同じ年、本国では庶民の恋愛を描いた「椿の花咲く頃」（２０１９）が広範な支持を集めました。ロマンスとサスペンスが絶妙に絡み合い、シングルマザーを取り巻く過酷な環境などの格差問題も描いています。「不時着」が特権階級の恋愛を描くのに対し「椿」は庶民の恋愛を描く点が大きく異なりますが、共通点は「ケアするヒーロー」です。

韓国ドラマに登場するヒーローたちの多くは、好きになった相手に一途に尽くします。普通なら諦めてしまう困難に直面しても相手を一心に思い続け、あらゆる敵から守ろうとするのです。おとぎ話の王子様のような魅力と、性差を超えた「神さまのような優しさ」を兼ね備えた男性像が魅力です。

　中間層の仕事と私生活を描いた作品もあります。「愛の不時着」のヒロインを演じたソン・イェジン主演の「よくおごってくれる綺麗なお姉さん」（２０１８）と、「不時着」のヒーローを演じたヒョンビンの出世作「私の名前はキム・サムスン」（２００５）を本書では取り上げました。どちらも一般家庭に生まれた30代女性が主人公で、実母から「結婚しろ」と強いプレッシャーをかけられるところが共通しています。

　深刻な格差問題を描いたドラマもあります。貧困暴力家庭で育った過去を消そうともがきつつ、子どもの受験に心血を注ぐ教育ママを描く「ＳＫＹキャッスル～上流階級の妻たち～」（２０１８）と、ひとり親家庭で育ったヒロインがニュースキャスターになり、法律家の名門御曹司との結婚で階層上昇を果たす「ミスティ～愛の真実～」（２０１８）は、続きが気になって寝不足になる作品です。

　舞台もテーマもバラバラのこれら6本のドラマに共通するのは、ヒロインたちが必死で生きる様子を描き、応援する視点です。彼女たちの社会経済階層は、起業家女性、企業の管理職、セレブな教育ママ、飲食店経営のシングルマザー、ニュースキャスター、腕の良いパティシエと多様です。全員が「何か」と闘っており、それが物語の柱になっています。

韓国ドラマのヒロインたちが闘っているのは、韓国社会に根強く残る男尊女卑の価値観や、法令順守なき労働環境です。職場のセクハラ、男子優先の家父長制、女性に若さと美しさを過度に求めるルッキズム、ひとり親差別など、日本にもある女性差別に関する問題が、どのドラマにも出てきてヒロインを苦しめます。

そして、時に泣くことがあっても、問題を受け流さず、逃げず、正面から向き合って解決しようとする女性たちの凛々しさに勇気づけられます。日本のドラマと比べると、韓国ドラマのヒロインは自分の意見をはっきり言い、不当なことには正面から意義申し立てをすることが多いのです。

私自身、仕事で理不尽なことがあった時に、「椿の花咲く頃」のヒロインが、正面から悪に立ち向かうのを見て勇気づけられました。現実世界でいわゆる「わきまえた対応」にモヤモヤを感じた時に韓国ドラマを見ると、「それはおかしい！」と主張する勇気をもらえるのです。

繰り返しになりますが、韓国ドラマの魅力は社会構造の問題を正面から取り上げていることとです。例えば「ミスティ」のヒロインがニュースキャスターとして「公正な社会の実現」を目指して仕事をしている、と後輩に向かって明言するシーンは、かっこよくて鳥肌が立ちました。

韓国ドラマに「正義」の観念が色濃く出ているのは、それを求める政治や市民社会の反映でしょう。一昨年、参加したジャーナリストの集まる国際会議で意気投合した韓国の大手新聞記者の男性が、こんな話をしてくれました。

「韓国社会は #MeToo 運動で変わった。もう後戻りはできない」

彼は続けて、有力な政治家などが次々と過去のセクハラを告発されてキャリアを失ったことや、自社内で起きた #MeToo について説明してくれました。一方で、彼の妻は育児のために仕事を辞めており、ベストセラー小説『82年生まれ、キム・ジヨン』に共感していたそうです。まだまだ厳しい格差が残る現実の中で、主流派の男性も変化を受け入れていることを感じました。

今回は取り上げなかった作品にも、深刻な社会問題を正面から描いたドラマはいくつもあります。

たとえば、起業家の若者たちを描く群像劇「スタート・アップ：夢の扉」（2020）は、両親の離婚で生き別れになった姉妹がそれぞれ起業の夢を追求する物語です。ここでは、中小企業の理不尽な人材マネジメントを描きます。主人公の父は、上司に殴られたり罵倒されたりしながらも、妻子の生活を支えるため、なかなか仕事を辞められません。主人公たちを資金面で支援するエンジェル投資家の男性には身寄りがありません。児童養護施設を出て行き場をなくしていたところ、偶然、出会った老女から衣食住を提供されて救われます。

社員に暴力を振るう上司が法の裁きを受けないなら、労働者に残された選択肢は失業か起業しかないでしょう。この作品は、卓越した技術をビジネスにするスタート・アップ企業の夢にあふれるキラキラした面だけでなく、他にまともな仕事がないがゆえに起業を選ぶ人々の厳しい現実も描いています。また、居場所のない若者を支援するのは本来、政府の役割ですが、セーフティネットが不十分な中では、偶然の出会いに期待するしかありません。

このような、韓国社会における公共政策の不備、とりわけ、社会保障が薄いことや、コンプライアンスなき人材マネジメントについては、春木育美『韓国社会の現在：超少子化、貧困・孤立化、デジタル化』（中公新書）が詳しく論じています。私が特に興味深く読んだのは、少子化を論じた章でした。女性の家事育児負担が重く、仕事と育児の両立が難しいこと、高学歴化が進んでいるにもかかわらず、能力を生かせる働き口が少ないため、就職浪人する若者が多いことなどが数値や事例とともに説得的に記されています。

　この本を読むと、韓国ドラマでしばしば登場する深刻な社会問題をより深く理解できます。特に女性に求められる役割――若く、細く、美しく――のプレッシャーがきついこと、そうした男尊女卑社会に対抗する市民社会の力強い動きが分かり、いくつものドラマで描かれる社会課題の背景が分かります。韓国の教育・受験事情とともに「ＳＫＹキャッスル」の詳しいレビューも書かれていますので、韓国ドラマ好きの方には、一読をお勧めします。

　現実社会の厳しさと闘う人々を描きつつ、解決策の一歩先にある理想的な世界を描こうとしている数々の韓国ドラマが、日本で今、大ヒットしているのには、理由があります。視覚的に美しく、展開が速く、恋愛やミステリー、ビジネスといった多面的な要素を盛り込んで高度なエンタメに昇華しつつ、日本の視聴者も共感や想像ができる社会構造の問題を描くことで、希望を感じさせてくれるからなのです。

◆「強引な展開」と「悪役としての毒母／姑」

ここで、韓国ドラマの難点もあげておきましょう。それは、展開が強引なことです。過剰な教育ママの行動から社会の問題構造を描く「ＳＫＹキャッスル」は非常に面白いのですが、終盤の展開には「いくら何でも無理がある」と思いました。主人公の夫が改心する「きっかけ」となる事件が起こると、夫は心を入れ替え、これまで見せてきた言動とは正反対の性格に変わるのです。これにはさすがに疑問がわきました。

恋愛をメインに描く「愛の不時着」「私の名前はキム・サムスン」「よくおごってくれる綺麗なお姉さん」は、魅力的な俳優たちと迫真の演技で引き込まれて見てしまいます。ただ「なぜ、そんなに彼がいいの？」「どうして何年も待った彼女を捨てて、新しい女性を好きになれるの？」といった部分は説明されません。

また、多くのドラマに登場し「定番キャラ」化している毒母や悪役の姑は、現実を反映しているのかもしれませんが、あまりに戯画化しすぎているように思えます。エンタメとして楽しむ分には良いのですが、実際、韓国の子どもを持つ中高年女性が皆、ドラマに出てくるような毒母、姑だと思うと、それはステレオタイプでしょう。

◆ジェンダー問題を描く韓国ドラマの系譜

序章に書いた通り、私が韓国ドラマを見始めたのは２０２０年です。「冬のソナタ」（２００２）後に起きた第一次韓流ブームには乗れなかったのに、友人のお勧めで見た「シークレット・ガーデン」（２０１０）を見て衝撃を受けたのが始まりです。「なぜ、こんなに巧みにドラマでジェンダー問題を描いているのか」が知りたくなり、日本語で書かれている記事や本を色々読んだ中で、秀逸だったのが山下《やました》英愛《よんえ》『女たちの韓流――韓国ドラマを読み解く』（岩波新書）です。

著者は日本と韓国の大学・大学院で教育を受けた、ジェンダー論と韓国文化の研究者で、朝鮮半島にルーツを持つ父親と日本で生まれ育った母親のもとで育ちました。日韓比較の視点と韓国文化、ジェンダーに対する深い知見に基づいて、１９９０年代から２０１０年代のドラマ25本を論じています。

この本を読み、韓国社会で寡婦《かふ》が生きていくのがいかに過酷か、数百年前のルーツに遡って理解できました。その上で、現代の韓国ドラマを見ると、なぜ「椿の花咲く頃」のヒロインやその母がシングルマザーとして、生活すら成り立たなかったのか分かった気がします。また男性を優遇する「戸主制」の問題点を描いたドラマや、その廃止が大統領選挙の焦点になったことも記されています。

ドラマを見ていて「どうして、こうなるの？」と疑問に思うことがあれば、同書を読むことをお勧めします。２０１３年刊行の書籍ですが、多くの謎が解けますし、日本と比較した分析も多くあるため、日本の視聴者が韓国ドラマを見る際の楽しい補助線になるはずです。

最後に、少し余談を。私は２０２０年に韓国ドラマにハマったのを機に、ＮＨＫラジオでハングル講座を聴き始めました。コロナ禍で出張がまったくなくなり、自宅にいる機会が増えた1年の間に、ハングル学習が習慣化しました。文字はまったく違うのに、日本語と文法がよく似ているところが非常に面白いです。

また、恋愛ドラマでもきつい性描写がなく、キスシーン止まりの韓国ドラマは、小学生の娘とも一緒に見られます。どんな社会にも共通する問題、国や文化による違いを話し合ったり、なぜこんなに面白いのか！　と言い合ったりと、親子の新しい楽しみができました。

このように、韓国ドラマは私にとって、日常生活を豊かにしてくれるのです。

世界中を惹きつけたケアするヒーローと自立したヒロイン

「愛の不時着」（2019）

私が本書を書くきっかけになったのは、2020年春に『愛の不時着』を見たことです。ドラマの存在は少し前から知っていましたが、べたべた甘そうなタイトルだけで、自分の好みには合わない、と思い込んでいました。視聴に至ったきっかけは、仕事やプライベートで「心の姉」と慕っている友人のお勧めでした。

予想に反して私は「不時着」にハマり込み、毎晩のように「△話、見た？」「あのシーンがいいよね！」と友人とチャットで語り合うようになりました。Facebookに感想を書き込むと、当初は反応が少なかったのが「ふだん恋愛ドラマを見なそうな治部さんがそんなに言うなら、と思って見たら、すっごい良かった！」という声が聞こえるようになり、「不時着感想交換会」の輪は徐々に広がっていったのです。

２０２０年夏には「不時着」を語り合うZoom飲み会を開いたり、ウェブメディアBusiness Insider主催のオンライントークイベントに出たりしました。私の本業である書く仕事では、３月末にFRaUウェブ版、４月初旬にVOGUEウェブ版、そして5月末には朝日新聞論壇委員として「あすを探る」というコーナーに「『愛の不時着』、侮るなかれ」というコラムを書いています。

　そんな縁で、映画評論が専門の記者やライターさん、監督の方と一緒に、映画業界におけるジェンダーやダイバーシティを語るオンラインイベントでお話しする機会もいただきました。Twitterで「不時着」ファンの投稿を読んで楽しんだり、会話をしたりするようになり、友達も増えたように思います。

　４月からはＮＨＫラジオで「まいにちハングル講座」を毎日聴いており、12月にはハングル検定5級を受けました。それまでハングルは一文字も読めなかったので、一番簡単な試験でも受かると嬉しかったです。こんな具合に「不時着」をきっかけに、コロナ禍の中で、希望や楽しみを見つけ、世界が広がり、この本を書くことにもなって、いいことずくめです。

　前置きが長くなりましたが、ここであらためてドラマ「愛の不時着」の何が良かったのかを見ていきましょう。韓国はもとより、日本でも長らくNetflixの人気トップを飾り、２０

２０年の新語・流行語大賞に選ばれるほどの社会現象となったのはなぜか、本書のテーマであるジェンダーの視点から総括していきます。

◆強く楽しく自立したニューヒロイン

「愛の不時着」の基本構図は現代版「ロミオとジュリエット」。北緯38度線をはさんで分断された北朝鮮と大韓民国に住む男女が恋に落ちる物語です。70年前に起きた朝鮮戦争の「休戦」は今も続いていて、両国は自由に行き来できない上、連絡も取り合えません。舞台を知るだけで悲劇のイメージが喚起されますし、主演のヒョンビンとソン・イェジンは美男美女のベテラン俳優で、泣かせる演技に長けています。

一方で「絵に描いたような王道ラブストーリー」は、ともすれば陳腐《ちんぷ》になりかねません。大ヒットした理由は、古典的なモチーフを飽きずに見せる、視聴者の喜怒哀楽を喚起する巧みな構成にあります。

ヒロインがパラグライダーの事故で北朝鮮に〝不時着〟して以降、正体を隠して過ごす冒険にハラハラし、悪役の少佐による主役カップルへの攻撃にドキドキし、ふたりの恋の行方にときめきを感じ、魅力的な脇役のコミカルな言動に笑うといった具合です。毎話90～１２０分近く、映画１本分程度の長さがありますが、中だるみがありません。スリリングなシーンの後には安心が、ラブシーンの後には笑いが織り込まれ、緩急がついているためです。

ところで、実際に見始めると、前情報のイメージと大きく違うことに気づきます。それは、ヒロインのユン・セリ（ソン・イェジン）がとても元気で面白い性格なことです。インタビュー記事で、ソン・イェジン自身が「セリは、ハツラツとした性格」とか「セリが面白い」と語り、役作りのために「笑い」について研究したとも話しています。

私は２０２０年春にひとりで何度も見た後、同年秋には小学生の娘と一緒に、再び全話を通して視聴しました。娘は「セリが美人！」「この人、綺麗！」とひとしきり盛り上がった後で「セリ、面白い！」と喜んでいました。単に美しいだけでなく、はっきりものを言うところが魅力的なキャラクターなのです。

この設定を踏まえると、「愛の不時着」についての記事のほとんどがセリを「財閥令嬢」と紹介していることに違和感を覚えます。その言葉には、生まれつき超富裕層のお嬢様という意味合いがありますが、自分の手で人生を切り開いてきたセリの強さや意志がまったく感じられないからです。

実は、セリは父親の愛人が産んだ子で、新生児の時にユン家に連れてこられました。正妻は、自身のふたりの息子とともに愛人の子であるセリを育てるという、苦行を強いられます。そして兄たちは自分より優秀なセリを目の敵にしています。このような家庭環境で苦しみながら育ったセリは、20代で実家を出ると独力でファッション企業を立ち上げ、父親や実家の力を借りずに上場までこぎつけるのです。

つまり、セリは恵まれた「財閥令嬢」ではあるものの、大人になってから自力で「起業家女性」になった人物です。困難な環境にあって、自分の生きる道を自分で切り開き、選び取ってきたことは、彼女が創業した会社にSeri’s Choice（セリズ・チョイス：セリの選択）と名付けたことに表れています。

このように、ヒロインの成育歴や生き方を見てみると、セリを紹介する最初のひとことは「財閥令嬢」ではなく「上場企業経営者」とか「起業家女性」の方が的確でしょう。

◆家族をつなぐのは血よりも食卓

私が考える「愛の不時着」高評価の理由は、甘い恋愛ドラマの部分というより、固定的な性別役割分担の逆転と、有毒な男性性のないヒーロー像でした。それは、北朝鮮の特殊部隊大尉リ・ジョンヒョク（ヒョンビン）が、不時着してきたセリを匿《かくま》い、麺料理を作りコーヒーを豆から炒って淹れてあげ、洋服やシャンプー、リンスなどを闇市場から調達する、といった具合に「無償ケア労働」をするところに表れています。

ジョンヒョクのケアを受け入れるセリが、北朝鮮で様々なものを美味しそうに食べるシーンも印象的でした。韓国では、前述の家族関係から、他人を信じられず、食事は３口程度しか食べなかったセリは摂食障害を患っていたように見えます。そんなセリが、北朝鮮では本当によく食べるのです。ジョンヒョクと２回目に会った際にセリが口にしたセリフは「ご飯、くれない？」でしたし、彼の家に上がり込んだ後は「私は１日２回、お肉を食べるの」と言って、北朝鮮では貴重な肉を焼かせるのでした。

数ある食事シーンの中でも特に印象的なのは、ジョンヒョクの家の庭で、彼の部下である中隊員４人とともに、セリが「ハマグリのガソリン焼き」を食べる場面です。ござの上に並べたハマグリにガソリンをかけて火をつけ、中身に火を通した後、熱い殻でやけどしないよう、軍手をつけて貝を持ち、殻をあけて中身をすすって食べ、殻に焼酎を入れて飲んでいました。

当初、セリは「貝はブイヤベースでしか食べたことがない」「お酒はソーヴィニヨンブランしか飲まない」と、この素朴な料理に抵抗感を示します。ところが、思いのほか美味しく、喜んで食べながら、中隊員たちとのおしゃべりに夢中になるのです。その様子を少し離れたところから見て、嬉しそうにしているジョンヒョクの優しいまなざしが心に残ります。

一緒に食卓を囲むこと、楽しく話しながら食べることの重要性は、この後も繰り返し描かれており、本作の主要テーマのひとつと言えます。

ハマグリの場面の直後に映し出されるのが、ソウルにあるユン家の食卓です。大理石とおぼしき白い石造りのダイニングルームで豪華な食卓を囲む、家長の父親、正妻、息子ふたりとその妻たちがいます。彼らは血縁や婚姻関係で結ばれ、法的にも社会的にも認められた正式な家族です。でも、豊かな暮らしをしているのにまったく幸せそうには見えません。後に父親が、相続や事業の後継に関わる話題がなければ、子どもたちが実家に食事にすら来ない、と嘆くシーンがあります。要するに彼らはお金だけでつながった関係なのです。

一方で、血縁がないどころか一緒にいることが違法になる、セリとジョンヒョク、そして北の中隊員たち。セリが彼らと素朴な食べ物を美味しく楽しそうに食べ、しりとりに興じている様子は実に楽しそうです。別のシーンでセリは、ご飯のおこげに砂糖をつけて食べるという超庶民的なおやつをつまみながら「(韓国では)〝少食姫〟っていうあだ名までついた私が、おこげにハマるなんて」とぼやきますが、その様子はとても幸せそうです。

家族は「愛」の共同体とされます。その「愛」とは一体何なのか。このドラマが伝えるメッセージは、「愛は血縁とは無関係である」ということです。また、愛とは法律婚によって生み出されるものでもない、ということを描きます。正式な婚姻関係にあるセリの両親が確執を抱えながら離婚はできず、食事の際も離れたところに座り、心が通わない状態にあるのに対し、ドラマの最後まで結婚はしないセリとジョンヒョクは、強い絆で結ばれています。そしてセリを守るため、命をかける北の中隊員たちも、家族同然の愛情で結ばれています。

また、ドラマに何度か登場するのは、自分が死ぬことより相手が死ぬことの方が耐え難い、という価値観です。セリが誘拐された時、ジョンヒョクは「彼女を守れなかったら、僕の人生は地獄になります」と話します。セリを守るためにソウルに来たことで、北へ帰った後、軍事裁判にかけられ死刑になる可能性があっても「まったく後悔していない」と言うのです。

このように相手の安全と健康、命を自分より優先するのは、男性だけではありません。ヒロインのセリもまた、ジョンヒョクが銃撃された際、自分の血液を彼に輸血するため病院に残り、やっとの思いで確保した出国の飛行機を逃します。また、ジョンヒョクが物陰から撃たれそうになると、自分も襲われる危険があるのに彼を守ろうとしたり、自らが盾となって銃弾を受けて彼を守ったりするのです。

自己犠牲こそが愛の本質である、というテーマは、古今東西、文学や映画が描き続けてきました。このドラマでは、ともすれば自己陶酔に見えてしまう「相手を自分より優先する」思考と行動を自然に見せています。説得力の理由は、丁寧な日常描写の積み上げにあると言えるでしょう。

人と人が知り合い、親しくなり、愛情を育むには時間がかかります。ともに過ごす日常生活の中で、徐々にお互いの人となりを知り、心を寄せていく過程において「食事」が非常に重要な役割を果たしています。ジェンダー規範に加えて、家族観も伝統的な血縁主義を脱しているところが新しいと言えます。

◆「姫を守る王子」と「王子を守る姫」の対等さ

先ほど、性別役割分担の逆転がこのドラマの大きな魅力と書きました。一方で、それをあからさまには見せない表現がうまい、とも思います。第1話から第6話までは「ヒーローがヒロインを助ける」シーンが繰り返し登場し、普通に見ていると伝統的なお姫様救出物語に見えるはずです。

各話のラストシーンをおさらいしましょう。まず、第1話は、北朝鮮に来てしまったセリが、秘密警察に見つかりそうになったところを、ジョンヒョクが「壁ドン」で隠して守るシーンで終わります。第2話は、秘密警察に見つかり銃をつきつけられるセリのもとに、ジョンヒョクが駆け付け「婚約者です」と嘘をついて助けます。第3話は船渡しで韓国に帰ろうとしたセリがパトロールに見つかりそうになったところを、ジョンヒョクがキスして恋人のふりをします。これらのシーンで、ジョンヒョクの意図がどうあれ、彼は「危機に陥った女性を守る王子様」に見えるわけです。

第4話では、市場で迷子になったセリが、子どもの頃、母に海辺に置き去りにされたことを思い出して不安を感じていると、アロマキャンドルを目印に掲げたジョンヒョクが探しに来てくれます。第5話では平壌《ピョンヤン》のホテルで、かつてのお見合い相手と再会したセリが、彼と一緒にエレベーターに乗ろうとすると、ジョンヒョクが追いかけてきてボディガードのように守ろうとします。

第6話では、空港に向かうセリの車を秘密警察の一味が襲うと、ジョンヒョクがバイクで並走して守ろうとした後、セリの代わりに銃で撃たれます。このシーンを指して友人は「トム・クルーズよりかっこいい！」と評していました。私も同感ですし、アジアのコンテンツがハリウッドを超えた瞬間として歴史に刻まれると思っています。

ここまで、全話のラストシーンで、セリの危機をジョンヒョクが救う構図になっています。こうして、セリを徹底的に守ろうとするジョンヒョクの王子様的なふるまいが、視聴者に刷り込まれます。そのため、食事作り、身の回りの世話といったいわゆるフェミニンな行動を取っても、ジョンヒョクは相変わらず「王子様」に見えるのです。このように「伝統的な男らしさと女らしさ」の良い部分を合わせ持つのがリ・ジョンヒョクという人物像の魅力でしょう。

しかし、第7話以降はこの構図が逆転し、セリがジョンヒョクを助ける場面がたびたび出てきます。銃撃されたジョンヒョクに輸血をするために北朝鮮脱出の機会を諦めたり、ジョンヒョクの盾になって自分が撃たれたり。前半、ヒーローからヒロインに与えられた保護や自己犠牲が、後半、ヒロインからヒーローに「利子付きで返済」されていく構図です。

◆有害な男性性と母娘問題の克服

明るく美しく楽しいヒロイン像が目立つ「愛の不時着」は、男性像の多様性も大きな特徴でした。彼らは明確に善玉と悪役に分かれています。

善玉は、北朝鮮ではリ・ジョンヒョクと彼の部下である中隊員たち、そして、心ならずも盗聴の仕事に就いている、通称「耳野郎《みみやろう》」などです。

一方、悪玉は秘密警察の少佐チョ・チョルガンで、彼は財宝の盗掘、証拠隠滅のための殺人、海外犯罪者の逃亡生活補助、賄賂の授受により裏で権力を振るっています。ちなみに人物設定として、チョは路上で育った孤児であり、他の選択肢がなくて悪事に手を染めた、という悲しい背景があります。

同情の余地がない悪役もいます。それはセリの次兄で、彼は北に不時着したセリが南に帰ってこられないように工作し、果てはチョと共謀してセリを殺そうとさえするのです。

準悪役と言えるのは、ジョンヒョクとセリそれぞれの父親でしょう。ジョンヒョクの父は北朝鮮のナンバー2である総政治局長、セリの父は大財閥グループの会長と、ともに強大な権力の持ち主です。息子の命より自分の地位を優先するような言動をしたり（ジョンヒョク父）、愛人の子をいきなり自宅に連れてきて正妻に育てさせようとしたりと（セリ父）、彼らの行動には倫理的に間違ったところが多くあります。

ドラマの隠れた見どころは「偉いけれど人として間違っている父親たち」がジョンヒョクとセリの出会いを機に変化していくことです。ジョンヒョク父は、息子の安全より自分の地位を優先してきたことを妻から叱責され続け、最後に思い切った行動に出ます。セリ父は、妹を亡き者にしようとした息子（次男）を許さず、彼と絶縁します。父親たちはそれまで優先していた世間体、対面、社会的地位、男子優先の文化から距離を置くようになり、子どもたちの意思を尊重し、彼らが短い時間でも一緒にいられるように計らうのです。

このように、メインストーリーは主演ふたりの恋の行方ですが、周囲の人々の生き方を良い方向に変えていくところに、このドラマが多くの視聴者を包摂した理由があると私は考えています。

例えば、入院中のセリの安全確保のために取り付けられた盗聴器が、想定外の効果をもたらすシーンがあります。病室で眠るセリに対し、これまでの自分の言動を懺悔して泣く母の言葉が録音されていたのです。改心した母は、娘とその愛する人の再会を強力に応援します。最終回近く、母の運転でセリが軍事境界線に駆け付け、北に送還されるジョンヒョクたちに会いに行くシーンは号泣必至です。この場面がセリとジョンヒョクの別れのシーンであると同時に、母から娘への償いのシーンでもあるからです。

セリがまだ子どもだった頃、真夜中のドライブに娘を連れ出した母は、彼女を海辺に置き去りにしたことがあります。愛人の子どもを平気な顔をして育てる生活に疲れ、自分自身が死にたかったのだと、のちにセリ母はその夜のことを振り返ります。この出来事はセリの心に大きな傷となって残り、成人してからも不眠や自殺念慮《ねんりょ》に悩まされることになります。

ですから、この母娘のドライブには特別な意味があります。娘に生きる意味を教えてくれた恋人に、何としてももう一度、会わせてやらなくては——。この時、母は血のつながりを超えた愛情を娘に感じていたはずですし、娘もまた、母の愛情を感じていたはずです。

◆ツッコミどころを一時スルーして完走すべし！

このように、主役のふたりだけでなく、脇役にも重要な役割が与えられ、様々な立場の人が楽しめる「愛の不時着」ですが、ツッコミどころはそれなりにあります。

まず、セリが北朝鮮に不時着したのに元気で生きているのは極めて不自然です。実際にこんなことが起これば、撃たれるか、地雷を踏んで死ぬか大怪我をしているはずです。また、北朝鮮での生活を楽しく描きすぎている気もします。

他にも、恋のライバルの扱いが雑であることが気になりますし、韓国の国家情報院関係者が皆、善人として描かれていることには政治的なプロパガンダも感じます。

それでも、こういう色々を「まあ、いっか」と流せるほどに、素晴らしいドラマなのです。北の中隊員たちは個性豊かで人間的魅力がありますし、韓国ドラマをメタ認知する視点もあります。キム・ソニョンらが演じる北朝鮮の村のおばさんたちの、うるさくて図々しいけれど、いざという時は助け合うシスターフッドにも心温まります。

まだまだ書きたいことはいっぱいありますが、とにかく一度見て下さい。きっと、ご自身の人生観、恋愛観と照らし合わせて、周囲の人と語り合いたくなるはずです。

「愛の不時着」（２０１９年、韓国）
出演：ヒョンビン、ソン・イェジン他。全16話。韓国では第56回百想芸術大賞助演女優賞（キム・ソニョン）、同 TikTok 人気賞（ヒョンビン、ソン・イェジン）。日本では２０２０年ユーキャン新語・流行語大賞。Netflix で配信中。

年下男子とのラブストーリーの顔をした、女の自立全力応援ドラマ

「よくおごってくれる綺麗なお姉さん」（２０１８）

「愛の不時着」でヒロイン、ユン・セリを演じたソン・イェジン主演のドラマです。韓国での公開はこちらが１年早く、「２０１８年最も話題になったドラマ」（グッドデータコーポレーションによる韓国の調査）の第１位に選ばれました。

ユン・セリと「よくおごってくれる綺麗なお姉さん」（以下「よくおご」）のユン・ジナは生育環境も性格もまったく異なります。財閥令嬢、かつファッション企業を創業し上場までした敏腕経営者のセリと、サラリーマン家庭に生まれコーヒーチェーンの本部で働くジナは、対照的と言えるでしょう。セリは強気で楽しいキャラクターでしたが、ジナは優柔不断です。仕事、昔の恋人、度を越した毒母。いずれもさっさと捨てればいいものを捨てきれないことが多く、見ていてイライラします。一方で、決断できない普通の人のリアルをよく描いてい

るとも言えます。

本書を手に取る方は「愛の不時着」を見ているかもしれません。不時着ファンが「よくおご」を好きになるか否かは「ユン・セリではないソン・イェジン」をどうとらえるか次第ですが、私はこれを素晴らしいドラマだと思いました。「不時着」が現代版のおとぎ話だとしたら、「よくおご」は現代のリアルな問題に正面から向き合ったドラマです。

◆質の高いドラマの魅力はステレオタイプの先にある

ところで、ドラマにしても映画にしても、コンテンツのマーケティングには、ある種のステレオタイプを利用することが多いです。「このドラマはどんなジャンルか？」「見どころは何か？」「人気俳優は出演しているか？」などを伝えるメインビジュアルと短文を組み合わせた広告を使い、潜在的視聴者の気を惹こうとします。

この型にのっとって１００文字以内でドラマ紹介をするなら「よくおご」は、こんな感じでしょう。

ソン・イェジン&チョン・ヘイン主演の純愛ラブストーリー。年上女性が幼なじみの年下男性と恋に落ちる。お互いの家族には内緒のまま愛を深める一方、職場や元彼・家族の問題が立ちはだかる。

今では、このような安易な紹介文をつまらないと感じますが、二十数年前は私自身がこうした文章を大量に書いていました。

エンタメ雑誌の記者として社会人生活をスタートした私は、短文のドラマ紹介を３年半で２００本くらい書きました。文字数は限られているし、マス市場に訴えるには「純愛」とか「ときめき」といったキラーワードを使うとよいと考えていたのですが、今の私はこれではまったく心惹かれません。若い美男美女の恋愛模様は目の保養になりますが「現実はそんなに甘くない」「恋の寿命はわずか数年、その後の人生の方がよっぽど長い」と思ってしまうからです。

このように考えるのは40代半ばという私の年齢に加えて、ジェンダーやフェミニズムを知ったためです。異性愛の男女が身を焦がすような恋をして、結婚しセックスして子どもを作り一生添い遂げるのが至上の幸福――という考え方を「ロマンチック・ラブ・イデオロギー」と呼びます。恋愛ドラマの多くは、この枠を無邪気になぞっているため、多少ジェンダーの知識を獲得した後は「あー、またか」と批判的に見てしまうのです。恋愛ものをまったく受け付けないわけではありませんが「そこに美男美女がいたから」という必然性のない展開だと、つまらなくて見るのをやめてしまいます。

ただし、この後解説するように、「よくおご」は単なるロマンチック・ラブのお話ではありません。「若い人の恋愛は自分には関係ない」と思っている年長世代や異なるライフステージの視聴者も見たくなる要素が詰まっています。そこで「自分が見たくなるような紹介文」を勝手に考えてみました。

ソン・イェジン&チョン・ヘイン主演のラブストーリー。幼なじみが恋愛関係に発展する様子を柱に、職場の男尊女卑文化やセクハラ告発、家柄や学歴で人を切り捨てる〝毒母問題〟を描く。

多少のネタバレが入っても、このくらい内容に踏み込んだ方が見たくなりませんか。

他の多くの韓国ドラマと同様に「よくおごってくれる綺麗なお姉さん」もまた、マス市場に受ける「恋愛」「胸キュン」をメインストーリーに据えながら、現代の社会問題を扱う骨太な作品です。取り上げる問題は、職場のセクハラであり、告発した被害者が受ける二次被害、つまり#MeToo運動の現場を描き、時事問題を扱っています。

もうひとつの社会課題は「毒母」。ヒロインの母が年下男件との交際を徹底的に邪魔するのです。階級差のある恋愛に母親が介入して暴れるのは韓国ドラマの定型ですが、今回は一般家庭の主婦がすさまじい毒母ぶりを発揮します。その言動はあまりに極端で、息子に「うちは財閥じゃないんだぞ」とたしなめられるほどでした。

それでは、ラブストーリーと#MeToo、そして毒母がいかに関連しつつ物語が発展していくのか、読み解いていきましょう。

◆リアルすぎて辛い職場のセクハラ

主人公ユン・ジナは、仕事も私生活もうまくいかない35歳。コーヒーチェーンの本部勤務で店舗のスーパーバイザーをしています。職場の描写は日本と課題が共通しており、リアルです。社風はさりげなく、でも確実に男尊女卑です。

例えば、頻繁に開催される職場の「食事会」ではセクハラが横行しています。男性管理職が、遠くの席にいる女性社員をわざわざ呼んでお酌《しゃく》をさせたり、「次長」がカラオケで歌いながらよろけたふりをして抱きつこうとしたり。「恋人と別れたのか」など、私生活に踏み込まれるのも日常茶飯事。ジナは内心、嫌だと思いながらも、こうした要求を拒否できず、カラオケではタンバリンを叩いて調子を合わせるため、取引先の接待要員として便利に使われてしまっています。

問題の背景には、職場における男女の力関係があります。ジナの肩書は「（課長）代理」で、職場には女性の「代理」がたくさんいます。一方、男性は「理事」「代表」「課長」など高い役職付きなのです。物語の後半でジナが社内の正式ルートで自らのセクハラ被害を告発した時、それまでバラバラだった男性管理職や役員が結託して加害者を守るようになります。こうした権力構造の中で女性社員は分断され、ジナはひとりでセクハラと闘うことになります。

職場のセクハラともみ消し文化の描写は非常にリアルで、見ているうちに、私自身が、かつて見聞きした事例を思い出しました。

ある企業では、正社員の男性が業務委託で働いている複数の女性を飲みに誘い、帰りのタクシーで抱きつこうとしたり、ホテルに誘ったりしていました。この男性のセクハラを知っていたある女性スタッフが、彼の誘いを断ったところ、仕事の発注を数年間も止められてしまいました。他の女性スタッフも「セクハラ被害を訴えたら自分たちが仕事を失う」と恐れながら、ひたすら我慢していたそうです。このように「よくおご」が描く職場のセクハラは日本でもよく起きています。

話をジナに戻しましょう。彼女は大企業を定年退職した父親と専業主婦の母親、ジナと理系大学院生の弟の４人家族。温厚な性格の父親と対照的に、母親がくせもので、ジナを良い家柄の男性と結婚させようと必死です。

ちなみに、ジナの元カレは弁護士で学歴も家柄も申し分ありませんが、不誠実で甘えた最低な男です。自分が浮気してジナを振った上に、彼女に年下の彼氏ができると未練たらたらでストーカーのように付きまといます。

ジナが煮え切らない態度を取り続けた結果、この男はジナの職場に現れて抱きつこうとし、拒否したジナにけがを負わせたり、付き合っていた頃に撮影したふたりでベッドに入った写真を花束と一緒に会社に送り付けたりします。さらに、ジナを車で誘拐した上、無理心中をチラつかせるような狂気に走っていくのです。

警察に通報し、被害届を出した上で縁を切るべき人間ですし、刑務所に入るとか弁護士資格を剥奪《はくだつ》されるなどの法的・社会的制裁を受けるのが妥当です。それなのにジナは彼との関係をきっぱり絶つことができません。

　加えて、ジナ母は、娘が親友の弟で幼なじみのジュニ（チョン・ヘイン）と付き合っていることを知ると、何度も別れるように迫ります。ジナの家は家柄や財産もない普通のサラリーマン家庭なのに、一体、何を守りたいのか、と思ってしまいます。

◆暴走する毒母は家父長制の産物

　ジナ母が気にしているのは、ジュニに両親がいないことと、彼が大学を中退していることです。ジュニと姉のギョンソンを前に、ジナ母がこのように言い放つシーンがあります。

「ジュニ、私の（ジナと別れろ、という）言いつけを守って。親が育てないと生意気になるわね」

　ジナ母は「あんな父親の子ですもの。同類に決まっている」「この家に一歩も入れたくない」とたたみかけます。ジュニとギョンソンは約10年前、母を病気で亡くしており、薄情な父はすぐに再婚して家を出て行ってしまいました。ジュニ父の行動は親として無責任ですが、それを理由に子どもを責めるのは筋違いです。

ジナ母の行動原理は「子どものため」です。人権侵害としか言いようがない言動の背景には「女性の幸せは夫の社会的成功で決まる」という強い思い込みがあります。ドラマの中で、ジナ母は何度か夫に対して「現役時代、あなたがもっと昇進していたら、娘に良い結婚相手が見つかるのに」といった趣旨の苦言を呈します。ここからは、家長の社会的地位が妻子の地位も規定するという家父長制を見て取ることができます。毒母とは、社会の産物なのです。

ところで、このドラマのベースはラブストーリーです。これまで、職場のセクハラを受け流してきたジナは、ジュニとの恋愛を機に変わっていきます。ジュニの真っすぐな愛情は、ジナの自尊心を回復し、間違ったことにノーを言う勇気をもたらし、セクハラ告発に踏み切らせます。同時に、ジナの自尊心を回復させたジュニとの恋愛は、母が暴走するトリガーになってしまうのです。

ジュニは、姉のようだった「綺麗なお姉さん」に対する愛情をストレートに表現します。交際が始まった頃、ジナに自分の「好きなところを10個あげて」と言われると「ひとつしかないからな」「ただ、ジナだから。他に理由はない」と笑顔で答えます。シンプルな言葉にジュニのジナに対する無条件の愛情がよく表れています。また、ジナに乱暴を働いた元彼氏に容赦なく殴りかかっていくなど、正義感の強さと血気盛んなところもあります。

ゲームデザイナーとしての腕を買われ、中国勤務を打診されますが、ジナと離れたくないジュニは迷わず断ります。彼の職場でのふるまいに遠慮はなく、技能さえあれば学歴や年齢に関係なく登用される、実力主義の新しい業界で自由に生きる様子が描かれています。

このドラマで描かれる恋愛は単なる甘い関係ではありません。本当の愛は人の存在を根本から肯定するようなもの、というメッセージは「愛の不時着」にも通じます。「恋」はいつか終わるけれど「愛」はずっと続くこともあり得る、というメッセージが伝わってきます。

そして私がこのドラマをとても好きな理由は「愛がすべてを救う」というありがちな価値観では終わらないところです。

物語の終盤、勤務先からアメリカ駐在を打診されたジュニはジナに「一緒にアメリカへ行こう」と誘います。ジナは「毒」を振りまく母親から逃れるため、実家を出たばかりでした。うまくいかない職場からも家族からも距離を置いて、アメリカでジュニと新しい生活を始めるのは、合理的な選択に思えます。

「ジナ、行け！」「イエスと言え！」と多くの視聴者同様、私も考えていました。ところが、ジナはジュニの申し出を断ってしまいます。ジュニが渡米した後、ジナはセクハラ告発の罰を受けるように物流管理部門に左遷され、下がった給料で払える家賃のアパートを借りてひとり暮らしをします。それがいかに孤独な闘いだったか、想像するに難くありません。

◆「彼女の決定」を全力で肯定する

その後、彼女が選んだのは、親友がいる済州《チェジュ》島への移住でした。ようやく職場からも母からも離れることを決意したジナを見ていて「遅すぎるよ……」と思ったのは私だけではないはずです。もっと早く、自分を不幸にする職場と母を捨てることができていたら、アメリカでジュニと笑って暮らしていたはずなのに。ちょっと、このヒロインは愚かではないか……。

しかし、この遅すぎるジナの決断を、あくまで肯定的に描くところに、このドラマの素晴らしさがあります。いつのいかなる決断であっても、それがたとえ、他人から見て非合理的で愚かなものであっても、それが彼女自身の決断であるからこそ、意義があるし尊重される。かつてセクハラを受容してしまうほど心が弱っていた女性が、自尊心を回復し、嫌なことにノーを言い、正攻法で闘い、母に別れを告げる力を蓄えることができた。きっかけはジュニとの恋愛ですが、ジナは本来持っていた強さを取り戻したのです。

つまり「よくおごってくれる綺麗なお姉さん」は、年下の可愛い男の子とのラブストーリーのふりをした社会派ドラマです。韓国社会の #MeToo 最前線や家父長制を内面化した母親の加害性を描きつつ、働く女性の自己決定を応援することが真の主題と言えるでしょう。

このような深い示唆《しさ》に富む作品を「胸キュン」とか「美しい恋愛」といった紋切り型の表現で紹介するのはもったいないです。Netflix の作品紹介文を、私に書き直させてほしい！

素敵な音楽と年下の可愛い恋人からの愛情という表層で、職場と家庭におけるジェンダー課題を描き、女性のエンパワーメントと自己決定の尊重を核に据えた、非常によくできたフェミニズムドラマだということを、きっちり伝えるべきなのです。

「よくおごってくれる綺麗なお姉さん」（２０１８年、韓国）
出演：ソン・イェジン、チョン・ヘイン他。全24話。「２０１８年最も話題になった韓国ドラマ」第１位。Netflix 他で配信中。

「ＳＫＹキャッスル～上流階級の妻たち～」（２０１８）

１年と少し前、韓国ドラマを見始めてすぐに気づいたのは、俳優たちが高学歴であることでした。「愛の不時着」の主演のヒョンビン、ソン・イェジン、「私の名前はキム・サムスン」主演のキム・ソナ、「ミスティ～愛の真実～」主演のキム・ナムジュなどはいずれも、韓国の大学で映画や演劇を専攻しています。理論を学んでいるから演技も上手なのかな？と感心していたら、芸能界に詳しい友人が「韓国は学歴社会だから」と教えてくれました。

「ＳＫＹ《スカイ》キャッスル～上流階級の妻たち～」は、韓国の極端な学歴重視社会を風刺する秀逸なドラマです。タイトルはドラマの舞台になるソウル郊外の高級住宅地の名称からきていて、ＳＫＹは韓国の最難関大学であるソウル大、高麗《コリヨ》大、延世《ヨンセ》大の頭文字です。南欧のお城のような豪邸が立ち並び、一般の住宅地とは隔絶されたコミュニティで、住民だけが使える豪華な図書館やパーティールームもあります。中心となる登場人物は、複数の医師やロースクール教授とその家族です。

◆教育虐待とは何か

ドラマは、この高級住宅地に住む家族の異常な教育熱を描きます。まず、息子を医者にするべく猛勉強させていた医師一家、パク家の場合を見てみましょう。息子と恋愛関係になった若い家政婦を、勉強の邪魔になるからと両親が追い出してしまいます。家政婦の娘を「虫けら」と呼ぶ父親に、息子が怒りをぶつけるシーンには衝撃を受けます。「学のない貧乏人は虫けらなのか？　学歴で差別するあんたらが虫けらだ」と叫ぶ息子に、医師である父親は、こう言い放ちます。「実力がなくて（医学部に）行けないか。親戚中が出た大学なのに。クズが生まれやがって。戸籍から抜くぞ」。

階級差のある恋愛は韓国ドラマの定番ですが、相手を「虫けら」と呼び、学歴差別した挙句に息子を「クズ」呼ばわりするのは親としてはもちろん、人間として失格でしょう。実際、この家庭では、息子が医学部に合格した直後、両親と縁を切ることを宣言し、家庭が崩壊します。母親は猟銃自殺し、父親は勤務先の病院を辞めてＳＫＹキャッスルから去り、山小屋にこもります。

パク家は最も悲惨なケースですが、登場人物の多くは教育虐待に走り、その家族は苦しみます。子どもの将来を案じるのは多くの親に共通することです。どこまでは大丈夫で、どこからがまずいのでしょうか。

臨床心理士で広島大学教育ヴィジョン研究センター諮問委員の武《たけ》田《だ》信《のぶ》子《こ》さんは、「教育熱心と教育虐待の違い」について（２０２０年2月8日公開のnote記事）、子どもの受忍限度を超えているかどうかを目安にすべきと記しています。顔色や寝起きの悪さ、隠し事、他人に意地悪をする、物に八つ当たりをする等の例をあげた上で、他人が基準を決められることではないため、子ども自身に尋ねてみることを勧めています。つまり、子どもの意思の尊重が欠かせないということです。

このドラマでは、虐待の深刻さ、夫婦の片方に常識があるか否か、また夫婦のパワーバランスにより、家庭崩壊に至るか、家族が再生するかが分かれる様々なケースを描いています。

同じＳＫＹキャッスルに住む別の医師一家、チン家は、前出のパク家と同じく専業主婦の妻と息子ひとりという家族構成ですが、まったく違う運命をたどります。

ある時、中学生の息子がテストで60点を取ったことに激怒した母親が息子をひっぱたきます。母の折檻《せっかん》から逃げる息子が母の陶器コレクションを割ってしまうと、母親の怒りはさらに増し、息子は家出をします。置手紙には「生まれてきてごめんなさい。僕も１００点を取ってふたりを喜ばせたいのに馬鹿でごめんなさい。ふたりの肩の荷が降りるなら僕は死にます。育ててくれてありがとう。さようなら」と書かれていました。子どもにこんなことを言わせるなんて……と、見ていて涙が出そうになりました。

この家庭の母親は、今は上品な医師夫人ですが、ソウル出身の自称元ヤンキーで根は温かく人間的です。息子の置手紙を読むとすぐに家を飛び出して探しに行き、無事に見つかった我が子を抱きしめます。「そんなこと言わないで。私の大事な息子なのよ。母さんはあんたが命なの。ごめんね」と謝ると、これからは塾もできる範囲で通えばいい、と言うのです。

もともと、この母親は、確たる考えがあって教育ママをやっているわけではありません。息子には、夫と同じように医者になってほしいけれど、そうでなくてもいい、本当はどうしたらいいか分からない、という曖昧な価値観でした。また夫は息子のお尻を叩いて無理に勉強させようとは思っていませんでした。妻と子を愛する普通の人という、チン医師は日本にもよくいるお父さん像で、視聴者が最も感情移入しやすい登場人物だと思います。

日本でもこの母親のように、周囲に流される形で教育ママになり、熱心を通り越して、子どもを追い詰めてしまう人もいるでしょう。私が住む街には私立小学校が複数あり、学校説明会や受験シーズンには紺色の服に身を包んだ親子連れをたくさん見かけます。大多数は穏やかな様子ですが、時折、厳しい調子で幼児を叱り飛ばしている保護者を見かけて心配になることがあります。

ある時、行政で女性支援の仕事をしている知人が、駅ビルのトイレで子どもを大声で叱る母親に遭遇したそうです。専門知識のある知人は「お母さん自身がプレッシャーで辛い思いをしているのではないか」と感じて「大丈夫ですか?」と声をかけたところ、さっきまで怒鳴っていた母親が泣き崩れてしまったそうです。

◆虐待の背景にある「親の人生問題」

それにしても、子どもが「生まれてきてごめんなさい」などと言い、親子の縁を切ろうとするほどの教育虐待は、たとえフィクションといっても見ていて辛いです。前述の家庭以外でも、親子喧嘩の中で子どもが「まったく遊んだことがない」と叫ぶシーンが何度かありました。子どもには遊びが何より大事で、自分の子どもが公園や友達の家を行き来して遊ぶ時間をかけがえのない素晴らしいものだと思っている私には、想像を超えた状態です。

このドラマは、教育熱心な親の暴走、それがもたらす教育虐待や家庭崩壊問題に留まらず、社会にある構造問題を掘り起こしたところに凄みがあります。それは、親自身が幸せで満たされた人生を送っていない、という問題です。ドラマが批判するのは教育「ママ」だけではありません。熱心さが行きすぎて教育虐待に走る父親も描きます。

ＳＫＹキャッスルの住人で、ロースクール教授のチャ・ミニョク（キム・ビョンチョル）は、司法試験にトップ合格して検察官になった人物です。政界に進出し、〝Blue house〟（青瓦台＝韓国の大統領官邸）を目指していましたが、志半ばで挫折しています。自分が果たせなかった夢を子どもに託すチャ教授は、双子の息子たちに猛勉強をさせます。学習効率を高めるためと自宅に設置した特別な勉強部屋は、窓ひとつない防音室で、さながら監獄です。

チャ教授はＳＫＹキャッスルの住人限定で読書会を主宰し、大学の推薦入試のため立派な読書リストを提出したい教育ママたちや優等生の子どもたちに喜ばれています。ただし、そこで展開される議論は非常に偏っています。人を蹴落としても自分が勝つことを是とする価値観に基づき、ニーチェやリチャード・ドーキンスを誤読して悦に入る様子は滑稽です。

多くの視聴者は、この読書会のシーンを見てチャ教授に道徳心や基礎教養が欠けていることに気づくでしょう。会に参加している母親や中高生の中には、問題を感じている人もいますが、周囲の空気に飲まれて言い出せません。

実はチャ教授は、貧しい家庭の出身で、苦学して出世したこと、ＳＫＹキャッスルの住人に自分の知識をひけらかしたくて読書会を開いていたことが、徐々に明らかになります。彼が息子たちに猛勉強させるのは、大統領やその側近として働きたかった、という自分が果たせなかった夢を、子どもを通じてかなえるためなのです。

こうして、ドラマは極端な教育熱の背景にある「親自身の満たされなかった思い」を明らかにしていきます。重要なのは、親がキャリアで挫折したことと、子どもに対する教育虐待は必ずしも対応していないことです。

例えばチャ教授の妻は大学院で博士号を取得して研究者を目指していましたが、育児に専念するため、論文執筆をやめて専業主婦になりました。途中、ある衝撃的な出来事に直面し、彼女が自分の人生を「虚しい」と言う場面があります。それは、子どもの教育のためにキャリアを諦めた多くの女性たちの気持ちを代弁しているように見えます。

ただし、彼女は「子どもを優先する」という意思決定を自らの選択と受け止め、まったく後悔していません。子どもたちのために、良い教育環境を整え、美味しく栄養のある食事を用意して支えることに生きがいを見出しています。彼女にとって子どもの教育は、子ども自身が幸せに生きるための手段であって、子の学歴を自分の勲章《くんしょう》のようにひけらかそうとはしません。このように自分自身の価値観をしっかり持つ母親の支えを得て、チャ教授の息子たちは父親の厳しく無理な要求に抵抗できる強さを身につけていくのです。

　チャ家の物語は、学歴社会や熾烈《しれつ》な受験勉強の話に留まりません。生育環境ゆえに歪《ゆが》んだ弱肉強食の価値観を持ってしまった父と、そんな父を、それでも愛し続ける賢い母の綱引きです。最初は「ぼんやりした美人」に見えていたチャ家の妻が、しっかりした教養に基づく知性と強さを見せ、行動を起こす後半以降の展開は痛快です。当初、家事育児を妻に丸投げして威張っていたチャ教授が、最終的にはエプロンをつけてキッチンに立ち、子どもの友人たちをもてなすまでに変化していく様子はとても微笑ましいものでした。

　ここでは、極端な価値観の持ち主だった男性も変われること、そして人が変わるためには何より愛情が効くことが描かれています。欧米のドラマだったら、物語の中盤で妻から離縁され、妻子ともに捨てられてもおかしくない幼稚なエリート、チャ教授ですが、韓国ドラマは目上の人に優しいためか、夫は捨てられずに救済されるのです。

◆扶養される妻にとって子の学歴は存在証明

ところで、このドラマの主人公は、これまた医師の妻であるハン・ソジン（ヨム・ジョンア）です。成績優秀な長女は進学校に通う高校生で、特別な受験コーディネーターのコンサルティングを受けつつ、複数の家庭教師について猛勉強しています。医学部への推薦入学を狙い、学校の定期テストで学年トップ、全教科満点を目指して日夜勉強に励んでいます。

優秀な娘の教育環境を整えるため、母は必死で駆け回ります。ある時、受験コーディネーターに払う莫大《ばくだい》な費用を工面するため、姑の家を訪れて資金援助を頼みます。この時に受けた冷たい対応から、韓国ドラマ定番の嫁姑問題が浮かび上がってくるのです。

ソジンは周囲に、本名と生育歴について嘘をついていました。父親はオーストラリアの銀行の支店長、自身はシドニーの大学出身で、家族はオーストラリアに住んでいる、というのが表向きの経歴です。しかし、実際は韓国の精肉店の娘に生まれ、アルコール依存症の父親に暴力を振るわれて育ちました。「女に勉強はいらない」と母親に本を破かれる劣悪な環境のもとで必死に勉強し、奨学金を取得して進学した苦労人です。

厳しい環境にありながら自力で学んできたソジンの努力は、賞賛されてもいいはずですが、姑は、彼女を「嘘つき」呼ばわりしてはばからず、嫁として認めていません。夫もソジンに「だまされた」という認識で、ことあるごとに冷たい言葉を放ちます。夫からも姑からも認められていないソジンにとって、娘を夫と同じ医者に育て上げることは、子どもの幸せである以上に、自分の存在証明なのです。

一方、ＳＫＹキャッスル住人にも子どもの自主性を重んじる親が何人かいます。その代表格がイ・スイム（イ・テラン）。新しくＳＫＹキャッスルに引っ越してきた童話作家で、医師の夫と高校生の息子がいます。夫はスイムとは再婚で、息子は死別した前妻との間の子どもです。この息子はソジンの娘と同じ進学校に通う高校生で成績が良いのですが、好きな数学塾のみに通ってマイペースで勉強しています。

母親同士の教育情報交換やマウンティングが苦手なスイムは、ＳＫＹキャッスル住人の異常な教育熱に驚きます。ある時、ソジンの娘の無礼な態度を注意したスイムは、ソジンに逆ギレされます。「私教育（親が自費で子どもに受けさせる教育の意味）に関心がないならすっこんでなさい」「口を引き裂くわよ」というソジンの言葉は、上品な外見とのギャップが大きく驚きます。この人は、子どもの成績さえ良ければ、他のことはすべてどうでもいいのだろうか、と疑問が湧きます。

ドラマの中では、何度も「大学に入ったら」というフレーズが繰り返されます。遊ぶ時間はまったくなく、睡眠時間を削り、すべてを推薦入試のために費やす日々も、大学に入れば報われる、という意味です。これが間違っていることは、常識的な人ならすぐに分かるでしょう。人生は大学入学後も卒業後も長く続くからです。

ドラマの序盤ではソジンの教育ママぶりを「気持ち悪い」「ここまでやるのか」と思って見ていた私も、彼女の出自が明らかになると、同情を覚えるようになりました。すさまじい格差社会の中で、女性に経済的自立の道があまりない時、貧しい女性が階層上昇を果たすには結婚しか道がない。そして、婚家に自らを認めてもらうには、子どもを良い大学に入れるしかない。要するに子どもを通じた人生の生き直しをせずにはいられない。そんな悲しい現実を見ると、ソジンの言動は個人の責任というより社会構造の問題に見えてきます。

◆男性が変わる瞬間とその必要性

最後にひとつ、このドラマをジェンダー視点で評価する最大のポイントを記します。それは「男性が変わる瞬間とその必要性」を明確に描いていることです。前述のように姑と夫はソジンの生育歴と嘘を理由に彼女を責めていました。それが、ある出来事を機に夫が変わるのです。彼は自分の母親に言います。

「自分の顔も分からなくなってしまった」

医師、夫、父親という社会的役割はあっても、個人として自分が一体どういう人間なのか見失った、という意味です。育児に専念する主婦たちだけでなく、男性もまた社会的な役割に囚われて自分らしく生きることができない、という問題を示す秀逸なシーンです。彼は続けて、妻・ソジンについてこう言います。

「受験しか考えない母親にしてしまった。僕と母さんが生き方を間違えたせいだ」

これは、苦労の多かったソジンの半生を認めず、「嘘つき」呼ばわりしてきたことへの謝罪と位置づけられます。夫に素の自分を認めてもらったことで、ソジンはある重大な決意をします。それにより、長女は医大推薦入学を諦めることになりますが、ふたりの表情は晴れやかでした。怒った姑が家に乗り込んでくると、娘はこう言い放つのです。

「おばあちゃんが自分で医大に行けばいい」

　こうして、極端な教育ママや格差社会というテーマを掘り下げていくと「自分の人生を生きられない親」という根本問題に行き着くのです。特に教育ママの価値観には、夫の収入・肩書や、子どもの学業的達成を通じてしか自分の人生を満たすことができない構造問題が透けて見えます。もし、ドラマに登場する母たちが、経済的に自立して生きる道があれば、ここまで狂気に走らずにすんだかもしれません。

　そして、自分の人生を生きていない母たちに夢を託された息子たちもまた不幸です。彼らは「母に言われたから」勉強し、医大に入って医者になっています。自分の人生を生きていない親が、自分の人生を生きられない子を再生産しているのです。

　本作品については、メインストーリーに関するいくつかの重要なネタバレを避けて書いてきました。ドラマを見続ける吸引力になる謎解きの要素には触れていないので、これを読んだ後もドラマは楽しめるはずです。描写こそ極端ではありますが、欧米と比べて女性の経済的自立度合いが低い日本で「ＳＫＹキャッスル」に共感する人は多いでしょう。

ソジンの娘のセリフを自分に置き換えて「お母さんが／お父さんが／おじいちゃんが、自分で○○すればいい」としてみると、子どもや孫に自分の人生のやり直しをさせていることに、気づく人もいるかもしれません。日本の視聴者は、このドラマを「韓国は大変だな」と他人事のように見てはいられないはずです。

「ＳＫＹキャッスル～上流階級の妻たち～」（２０１８年、韓国）
出演：ヨム・ジョンア、イ・テラン他。全36話。百想芸術大賞ＴＶ部門で演出賞、女性最優秀演技賞、男性助演賞、女性新人演技賞などを受賞。Netflix、Amazon prime video などで配信中。

「椿の花咲く頃」（２０１９）

２０２０年６月初め、私はがっかりしていました。YouTubeで見ていた韓国の総合芸術賞、百想芸術大賞の授賞式で「愛の不時着」があまり評価されなかったからです。「不時着」は、一般視聴者の投票による「人気賞」を主演のヒョンビンとソン・イェジンが取った他は、助演女優賞のみで、主要な賞を逃しました。

実はこの年、韓国で最も評価が高く人気を博したドラマは、同賞のテレビドラマ部門で大賞、同男性最優秀演技賞、同男性助演賞、テレビドラマ部門脚本賞と４つも賞を取った「椿の花咲く頃」でした。シングルマザーのヒロイン・ドンベク（コン・ヒョジン）と素朴な巡査ヨンシク（カン・ハヌル）のラブストーリーにミステリー要素を絡めた話です。

◆主要人物が全員、庶民

物語の舞台は海辺の田舎町で、町の人は皆、顔見知りという濃いコミュニティ。ドンベクは、ある日、赤ん坊の息子を連れてこの町にやってきて、食事とお酒を出すスナックを開きます。店の名は英語で「椿」を意味するカメリア。彼女の名前・ドンベクは朝鮮語※で椿という意味です。

主要登場人物が皆、庶民という設定が、このドラマのポイントです。養育費ももらわず、女性アルバイトとふたりでカメリアを運営しつつ、8歳になった息子を育てるドンベクは、ある日偶然、息子の父親・ジョンリョルと再会します。彼は有名な野球選手になっており、SNSで人気のインフルエンサーである妻との間に赤ん坊の女の子がひとりいました。

昔の恋人同士の再会はドラマでよくあるモチーフです。ただし、このドラマはありきたりな恋愛ものではありません。後半明らかになるテーマは「人は誰かの奇跡になれる」で、奇跡の多様なありようを描いているのです。

それは、たとえば好きになった人に無条件の愛情を注ぐことだったり、雇用主がアルバイトスタッフを何があっても守り通そうとすることだったりします。いずれにしても、生きていく中で自信を失い、本当に求めているものが見えなくなった人が、自分を徹底的に承認してくれる他者と出会って変化する「奇跡の連鎖」が、このドラマの骨組みです。

主要登場人物の動きから、この奇跡の連鎖を見ていきましょう。

発端はヨンシクです。彼は腕っぷしと正義感が強い田舎巡査で、一度決めたら突っ走る性格です。ある日、書店で見かけたドンベクに一目惚れすると、文字通り、猪突猛進で接近します。連日、店にやってきたり、町で会えば一緒に歩いたりして「美人だ」「夜道をひとりで歩かせるわけにはいかない」と言って付きまとうヨンシクを、ドンベクは当初、迷惑に思います。

必死に働いて息子を育てることで頭がいっぱいのドンベクには、恋愛などする余裕はないからです。言葉も動作も大げさなヨンシクを、ドンベクは「変な人」だと思っています。

ヨンシクの不器用な愛情表現が象徴的に表れている場面があります。ある夜、スナックの客ともめごとが起きた後、ドンベクは散歩に出かけます。町のおばさんたちから「売ったのはお酒だけかしら」「メギツネ（女狐）」と悪口を言われて意気消沈していたドンベクを心配し、ヨンシクは後を追います。ふたりで駅のベンチに座って話した帰り道、ヨンシクはこんな提案をするのです。「僕とあれになりましょう。（中略）友達に」「友達なら、いつでもあなたと（息子の）ピルグの味方になれる」と彼が言うシーンには、胸を打たれます。

きっかけは一目惚れ、すなわちドンベクの外見に惹かれたわけですが、ドラマ全編を通じてヨンシクの言動からは、長く続く深い愛を感じます。彼はドンベクがひとりで泣くのを放っておけず、彼女と息子のそばにいたいと願います。「守ってあげたい」ではなく「味方になりたい」というのが重要です。「守ってあげる」という言葉には自己陶酔が含まれますが「味方になる」のは利他的な志向を感じます。

彼は喧嘩が強く、後半では犯罪捜査において優秀な能力を発揮します。一見、マッチョな役回りですが、その言動はケアの論理に満ちており、愛する人に笑顔でいてほしい、泣いてほしくない、そのためにそばにいたい、という発想が彼の行動原理の背景にあります。

よく考えてみれば、赤の他人に愛情を注ぎ相手の幸せを第一に考えるのは、相当、おかしな行為です。ドンベクがヨンシクを「変な人」と思ったのも無理はありません。そんな「変な人」ヨンシクに、ドンベクが徐々に心を開いていく変化が自然に描かれます。初めのうち、弱気でおどおどしていたドンベクは、ヨンシクと親しくなるうちに自信と強さを身につけ、店の常連でドンベクに何度もセクハラしていた男性客を警察に告発するほどの勇気を見せるのです。

◆徹底的な承認が人の心を強くする

ここまでの描写を読んで「似てる……」と思った方もいるかもしれません。肉体的に強いイメージのある制服職と言えば軍隊と警察。「愛の不時着」のヒーローは軍人で、「椿の花咲く頃」では警察官がヒーローです。どちらもヒロインを物理的に守るシーンがあります。それに加えて、マッチョなイメージのヒーローがヒロインをケアするシーンが混在しています。また「愛」、それも「徹底的な承認」を伴う愛がヒロインを強くする、という流れは「よくおごってくれる綺麗なお姉さん」と同じです。「よくおご」でも、年下彼氏の深い愛でヒロインが職場のセクハラにNO！　と言えるようになる変化が見どころでした。

「よくおご」のジナが煮え切らない性格だったのは持って生まれた個性でしたが、本作ではヒロインが弱気な理由をシングルマザーの生きづらさという社会問題と絡めて描きます。

30代初めの女性が、たったひとりで知らない町へ行き、補償金を払って店舗を借り、飲食店を経営するのは想像を超える大変さです。スナックですから、夜間にも働きながら学齢期の子どもを育てるのです。閉鎖的な地方都市では、シングルマザーであることや、目立つ美人であること、それを目当てにスナックに男性客が集まることなどは、女性住民からやっかみやいじめを受ける理由にもなります。

加えて、ドンベク自身が母ひとり子ひとりの環境で育ち、7歳の時に母に捨てられたという辛い過去を背負っています。父親は酒を飲んでは暴力を振るう人で、ある日、赤ん坊だったドンベクがケガをさせられ、耐えかねた母は娘を連れて家を出たのでした。約30年前の韓国で、特別な技能のない女性が子どもを育てながらできる仕事は非常に限られていたようで、ドンベクの母は水商売の女性たちの身の回りの世話など、あらゆることをします。それでも食べていくのが難しく、ドンベクは母の手で、孤児院の前に捨てられてしまうのでした。

施設で育てられた彼女は、食べていくことはできたものの、学校で差別され続けます。クラスメートのお金がなくなれば「施設の子」が疑われ、親がお弁当を持ってくるような行事の日は、他の親子からつまはじきにされるのです。

このあたりの描写は、同じ年頃の子どもを持つ私は見ているのが辛く「先生までもが差別に加担するのは酷い」「この母親たちは、どうして、親がいない子や水商売の家の子を差別するんだろう」とドラマであることを忘れて憤りを覚えました。いずれにしても、ヒロインの自己肯定感が異様に低い理由は、孤独で辛い生育環境にあったのです。

◆どんな人間関係の中にも起こりうる「愛」

先に「奇跡の連鎖」と書きました。ヨンシクの愛情がドンベクを強くしたことは、徐々に周囲に連鎖していきます。ドンベクが雇ったアルバイトの女性ヒャンミ（ソン・ダムビ）は訳ありの女性です。彼女自身の親もスナックを経営しており、子ども時代はネグレクトされた上、周囲から差別を受けていました。渡欧して人生逆転をはかる弟に多額の送金をしており、お金を稼ぐために人をだましたり脅したり、悪事を重ねていきます。

そんなヒャンミをドンベクは咎めることなく守ろうとし、その態度は荒んだヒャンミの心を変え、彼女はまともな生き方を志向するようになっていきます。ここで描かれるのは同世代の女性同士の仕事を通じた人間関係です。誰かを大事に思い、尊重することで、職場が人の自尊心を回復できることが伝わってきます。

このドラマが描く「本当の愛」はジェンダー中立なものです。それは男性から女性、女性から男性、そして同性同士でも与えることができ、相手の存在を全面的に肯定し、相手が前向きに生きる力を与えます。

また、ドラマでは夫婦の再生についてふたつのパターンを示します。ひとつ目は、ドンベクの元恋人でプロ野球選手のジョンリョルとその妻です。妻は金遣いが荒く、わがままで、赤ん坊の娘の世話をまったくしません。ＳＮＳのインフルエンサーとして注目を浴びることだけが生きがいという、美しいけれど極めて薄っぺらい人物です。しかし、離婚寸前の期間を経て、ジョンリョルはこの妻とやり直すことを決意します。

この妻は、学歴やキャリアの点で父親から認められず「誰からも愛されない」というコンプレックスを抱えていました。表面的には恵まれていても、心が満たされないと幸せではないことは、つつましいけれど好きな仕事をして子どもと幸せに暮らすドンベクと対照的です。ストーリーが進むにつれて、妻の虚栄心の背景には、子どもを愛さず社会的地位だけで人を評価する「毒父」が影響していると分かります。妻が抱えて隠してきた心の傷を知った時、ジョンリョルはそのトラウマごと、彼女を引き受ける決意をするのです。

◆女性優位の夫婦が見せる悲喜劇

ジョンリョルを通じて描かれる「改心の連鎖」は、ドラマの柱のひとつでもあります。主演のふたり以外では、弁護士の妻と田舎の土地持ちの夫というカップルが秀逸でした。妻はソウル大学卒の弁護士で、小さな町では「先生」と呼ばれる名士です。一方、夫は「カメリア」の常連で、小金持ちの小心者です。「尊敬されたい」という虚栄心から、ギャンブルや女にハマる弱さもあります。心の中では妻を愛しているので決定的な浮気はしませんが、ドンベクにセクハラをするなど、ダメ人間の極みです。

この夫婦は高校時代の同級生同士で、しっかり者で何事も頑張りすぎる妻は、素直に生きている単純な夫に愛着を覚えて結婚しました。韓国ドラマ定番の姑による過剰介入、馬鹿な夫の誤解を招く行動などが重なり、いったんは離婚に至ります。それが、あることをきっかけに夫婦関係の再構築に至る流れは見ごたえがありました。

ジェンダーの観点で言えば、女性が下方婚をした興味深い事例です。夫は土地を持っていましたが、生活費は妻がすべて出しており、学歴も収入も何もかも妻の方が上のカップルでした。この夫婦を「やっぱりうまくいかなかった」という結論ではなく、何とかうまくいくように着地させたところに、現代的な結婚観が表れています。

脇役の人生にも意味があり、行動に理由があり、幸せに向けてもがく姿に笑ったり驚いたりできるところが、このドラマの優れた点です。だからこそ、ドンベクとヨンシクの恋愛にもリアリティがあります。もともと恋愛ものには関心がなく、ラブシーンになると「はい、はい、はい」と早送りすることが多い私が、プロポーズのシーンで泣いてしまったほどです。こんなに心を動かされたのは、登場人物の人生に対する共感があったからこそです。

そんな中、ひとつ残念だったのは、社会問題への切り込みが不足していたことでした。特にメインテーマであるシングルマザーの貧困や差別に関しては、個人の努力や善意だけで解決するのではなく、社会保障の不足などの制度問題にも触れてほしかったです。

◆「不時着」を押さえて韓国で大ヒットした理由

冒頭に記したように、このドラマは２０１９年、韓国で大ヒットを記録しました。エンタメとして完成度が高かったことに加え、社会の大多数を占める庶民の気持ちを代弁していたことが理由と思われます。総論でも触れたように、韓国は格差問題が非常に深刻です。頻繁にドラマに登場する財閥や富裕層は現実にはごくわずか。熾烈な学歴競争を突破しても良い働き口は少なく、多くの若者は疲弊している現実があります。

そんな中「頑張らないで生きる」をテーマにした書籍が本国で大ヒットし、日本でも『あやうく一生懸命生きるところだった』（ダイヤモンド社）というタイトルで発売されました。描かれるのは男の子にかけられる強烈なプレッシャーと、それに押しつぶされそうになりつつも、頑張り続ける若者の悲哀です。著者は名門美大に4度目の挑戦で合格しますが、期待したような成功は手にできません。名門大学に入学しさえすれば素晴らしい人生がある、という韓国社会に根強い価値観と、それを内面化して頑張りすぎた末に燃え尽きた著者の体験談には共感するところが多く、決して他人ごとではない、と思いました。

頑張り疲れた人、頑張って目標に到達しても予想したような人生を送れない人は、社会の多数を占めています。そんな中「今のままでいい」「ただ、身近な人に優しく愛をもって接すればよい」と庶民の地道な生き方を肯定するようなストーリーが求められる事情が、韓国社会にはあります。

「椿の花咲く頃」では、主演ふたりの生活は変わりません。ドンベクは同じ家に住み続け、ヨンシクは警察官の仕事を続けています。ドラマのラストシーンでは、お店やオフィスなど様々な職場で働く大人や、屋外、教室でスポーツや勉強をする子どもたちが映し出され、こうした人々を応援するメッセージが出てきます。

「人は誰かの奇跡になれる」というドラマの主題には、経済的な豊かさや競争に勝つこととは違う価値観が表れています。それは、お金や社会的地位ではなく、他人を尊重することこそが奇跡である、という考え方です。本作が大ヒットしたのは、過当競争と学歴社会、格差社会を変えたい、と願う韓国の視聴者の希望を巧みに映し出したからでしょう。

　学歴や財力で人の価値を測るのをやめて、人と人のつながりを取り戻したい、という韓国の人々の希望を掬《すく》い取り、可視化したところに、ヒットの理由があると私は考えています。

※本書で「朝鮮語」を使用している経緯は、東京外国語大学の趙義成准教授の解説記事「朝鮮語を知る」、特に「『朝鮮語』と『韓国語』」の項目をご参照下さい。
http://www.tufs.ac.jp/ts/personal/choes/bibimbab/siru/siru01.html

「椿の花咲く頃」（２０１９年、韓国）
出演：コン・ヒョジン、カン・ハヌル他。全20話。２０１９年ＫＢＳ演技大賞、２０２０年百想芸術大賞ドラマ部門大賞など。Netflix で配信中。

メロ・サスペンスのコーティングでジャーナリストの矜持を描く

「ミスティ〜愛の真実〜」（２０１８）

私には「コンテンツの先生」が何人かいます。中でも信頼しているミホさんは、外資系企業に勤務する元気でユーモアセンス抜群の30代女性です。彼女のお勧めで見た映画は「タクシー運転手」「１９８７、ある闘いの真実」「工作　黒金星（ブラック・ヴィーナス）と呼ばれた男」「国家が破産する日」と、いずれも直近40年の韓国社会を巧みに描いた社会派作品ばかりです。

「ミスティ〜愛の真実〜」は、そんな彼女が２０２０年夏に「すごく面白いです！」とお勧めしてくれたドラマです。見るとたちまち引き込まれ、私も周囲の働く女性に勧めまくっています。ジェンダーやメディアに関心がある女性たちから大好評で、もっと多くの人に見てほしい！　と思っています。

◆メロ・サスペンスの表層の下に

主人公はニュースキャスターのコ・ヘラン（キム・ナムジュ）。夜9時のニュースでアンカーを務める、美しさと知性を兼ね備えた女性です。社会的には成功していますが、弁護士の夫カン・テウク（チ・ジニ）との仲は冷え切っており、いわゆる仮面夫婦です。ある日、ヘランの元恋人であるケビン・リーが、アメリカでプロゴルファーとして大成功し、妻とともに韓国に戻ってきます。かつてヘランは、より良い生活とキャリアのため、ケビンを捨ててテウクとの結婚を選んだ因縁の関係。ケビンは既婚者ですがヘランを諦めきれず、彼女に付きまとい、脅迫まがいの行為に及ぶのです。

ある朝、ひと気のない場所で見つかった車の中でケビンが死んでいるのが見つかります。取材者とプロゴルファーという関係のヘランとケビンの接点から、警察は彼女を殺人事件の容疑者として逮捕、テウクは妻の弁護を引き受けます。果たして、ヘランは殺人犯なのか。もし犯人が別にいるなら、それは誰か、動機は何か。そして、テウクの献身は仮面夫婦の愛を復活させることができるのか。

ここまであらすじを書いていて、ちょっと恥ずかしくなってきました。これでは、ありがちなサスペンス＆メロドラマです。本書で紹介した他の韓国ドラマと同様に「ミスティ」もまた「マス向けエンタメ」の表層で、骨太な社会派テーマを包み込む構造になっています。つまり、ここまで説明したのはクレープの生地の部分。中にはどんなクリームや果物が入っているのか、見ていきましょう。

このドラマは三層構造になっています。一番、外側にあるのが、ここまで紹介してきたミステリー要素。二番目が職場における女性同士の競争で、その背景には性差別があります。その奥の三層目には、格差問題や政治腐敗、報道の自由といったテーマが現れます。ストーリーが進むほどに「え！　こんなテーマも！」と驚かされる魅力に満ちたドラマなのです。

◆「女の敵は女」は男性優位社会の産物

ドラマの舞台は大手テレビ局の報道部門。主人公のコ・ヘランは、7年にわたり看板番組である夜9時のニュース「ニュース9」でアンカーを務めてきました。彼女のおかげで番組は高視聴率を保っており、ヘラン自身は5年連続で「優れたジャーナリスト」として表彰されています。しかし30代半ばという年齢を理由に、番組を降板されそうになるのです。

ヘランのポジションを狙うのは、後輩で20代の美人記者ハン・ジウォン。彼女は「ニュース9」に記者として頻繁に出演します。ある時、ヘランは番組内で、ジウォンに厳しい質問をします。多発する通り魔事件について、政府の対策を尋ねた際、ジウォンが取材不足からうまく答えられなかったためです。

放送終了後、ヘランは上司の局長から呼び出され「なぜ、後輩に恥をかかせたのか」と叱責されます。局長は「だからお局《つぼね》と言われるんだ」「君以外にも有能な人間はいる」とたたみかけます。そして、他局が若いキャスターを起用して視聴率を伸ばしていることを引き合いに出して、ヘランを降板させようとするのです。

ヘランの魅力は、こんな風に屈辱的なことを言われても動じず、冷静に反論するところにあります。会社の女子トイレでジウォンから「年増が欲張ると醜いですよ」と言われたヘランは「若さと実力は違う。私のポストに就く自信はあるの？　あるならやってみなさい」と言い放ちます。

しかし、ヘランを侮辱するのは、上司や後輩だけではありません。番組プロデューサーの男性は若いジウォンを応援しており、ことあるごとにヘランに嫌味を言います。

　こうしたシーンから見えてくるのは、性差別的な職場文化です。「女性はとにかく若いことが価値を持つ」とか「女性については仕事の中身より外見重視で評価する」という価値観は、明らかな性差別です。ヘランとジウォンの対決はあからさまで分かりやすいため「女の敵は女」という感想を持つ人もいるかもしれません。

　ここで忘れてはいけないのは「女同士の闘い」が起きる構造です。物語の終盤でヘランは局長に対して、次のように話します。

> テレビ局は実力主義だが、それでも性差別は存在する。通常、アンカーを務めた人は3年で局長になる。現に局長がそうだ。一方、私は7年間アンカーを務めたが、いまだに部長のままだ。

　ヘランは事実と数字に基づいて職場の性差別を指摘しています。もし、ヘランが男性と同じスピードで昇進し局長になっていたら、アンカーを後輩のジウォンに快く譲ることができたはずです。つまり、女性には男性と比べて不当に少ないポストしか配分されていないために、女性同士の競争が熾《し》烈《れつ》になる、という構造を見せる秀逸なシーンです。

職場だけでなく、親族や世間からも女性には不当な圧力、つまり「子どもを産め」というプレッシャーをかけられます。食事会の席でたびたび、ヘランは同世代の女性たちから「子どもがいない」ことを揶《や》揄《ゆ》されます。どんなに美しくても、どれだけ仕事で成功しても、出産していないことがスティグマになってしまうのです。姑は毎月、ヘランの排卵日が近づくと自宅に勝手に上がり込み、妊娠しやすいとされる食品を冷蔵庫に詰めていきます。

実は、ヘランは一度、人工妊娠中絶をしています。それは、「ニュース9」でのアンカーに就くためでした。結婚する時、仕事最優先というヘランの価値観を理解していたはずの夫は、彼女が無断で中絶手術を受けたことに激怒し、絶望し、それ以降、夫婦は家庭内別居状態が続いています。

◆「公正な社会の実現」を目指すヒロイン

職場にも社会にも色濃く残る性差別構造の中で、上司、後輩、同僚に足を引っ張られ、夫婦関係も破綻し、さらに殺人容疑をかけられてまで、コ・ヘランが追求しているものは、一体、何なのか。ドラマの核心はここにあります。
後輩ジウォンとの衝突が続く中、ヘランは容赦なく相手の弱みを利用し、潰しにかかります。「なぜ、そこまでするの？」「一体、あなたは何がしたいの？」と、ジウォンに問われたヘランは、堂々とこう答えるのです。

「公正な社会の実現」

母子家庭で育ったヘランは、貧しい生活の中、一度は大学進学を諦めかけました。学費のために宝飾店の店主に借金を申し込んだ時は、見返りに性暴力を振るわれそうにもなります。それでも何とか大学に入って必死で学び、卒業後に記者となった彼女は検察庁を担当し、来る日も来る日も正面から質問をぶつけます。記者として頭角を現したヘランは、やがてニュースキャスターに抜擢され、今の地位を築くのです。
冒頭に書いたように、このドラマのテーマは「昔の男の死」を巡る「愛とサスペンス」ですが、途中から論点が「権力犯罪と報道の自由」へと移っていきます。ヘランのセリフから、彼女が私生活を犠牲にしてまでやりたかったことが徐々に明らかになります。それは権力の濫用を止めることでした。

真正面から、報道という仕事の意義と意味を語るヘランの姿は、メディアの仕事に携わる者として敬意を覚えます。彼女は単なる美しい野心家ではなく、金や権力を悪用する人間たちを許さない正義感を胸の内に持ち続けています。若いだけの後輩にアンカーの座を渡せなかったのは、「公正な社会の実現」に資する能力を、彼女がまだ持っていなかったためでした。それは〝女の意地〟ではなく、プロフェッショナルなジャーナリストとしての矜持です。

クライマックス近くで、報道局長もまた、法と秩序と言論の重要性に言及します。そして、ヘランは大スクープを報じるアンカーの役を、後輩のジウォンに譲ります。ヘランが冤罪《えんざい》で収監されている間、ジウォンが代役としてアンカーを務めながら、現場取材を続けてきたことを理解し、評価したからです。記者としてジウォンが真価を発揮するシーンは見事で、多くの視聴者がスカッとすることでしょう。

◆プロフェッショナルは性別と年齢を超えて連帯する

これまで、アンカーの座を死守しようとしてきたヘランの変わりように驚き、ジウォンは

「なぜ譲ってくれたんですか」と尋ねます。するとヘランは「理由はどうあれ、チャンスが巡ってきて、あなたはそれをつかみ懸命に務めた」「『ニュース9』はあなたのものよ」「あなたは（この権力に）挑む初のキャスターよ。だから責任を持って最後まで報道しなさい。臆さずに、堂々とね」と言って、腕を軽くとんとんと叩き、去っていきます。

　後輩ジウォンが「公正な社会の実現」を目指すプロフェッショナルであることをヘランが認める、地味ですが静かで心に沁みる素敵なシーンです。

　一連の場面で、ジウォンはやる気に満ちた表情をしています。寝不足で目が少し赤く、さほど目立たない茶色いジャケットを着ている彼女は、美しさや若さではなく、仕事の成果で評価されていることが伝わってきます。

　テレビ局の性差別構造は一朝一夕に変わりませんが、いざという時、一丸となって権力に対峙する人々の姿は、報道の自由や権力の監視という理想を体現していて胸が熱くなりました。局長を演じる俳優が、日本のメディア企業にもいそうな雰囲気で、親近感も湧きます。

　私がかつて働いていた出版社にも、記者としての本分に忠実であるよう、背中を押してくれた上司がいたっけなあ、と思いを馳せました。性別も年齢も超えて共有できる、メディア人としての理想を思い出したのです。

ここまで「ミスティ」をジェンダーや権力犯罪、報道の自由といった観点から、見るべき理由を書いてきました。ヒロインの元恋人ケビンはなぜ死んだのか、殺人だとしたら犯人は誰なのかといった〝第一層〟のミステリー要素については謎のままにしておきますので、ぜひご覧になってみて下さい。「一体、どんでん返しが何回あるの？」と驚かされつつも、楽しめることは保証しますから。

「ミスティ〜愛の真実〜」（２０１８年、韓国）
出演：キム・ナムジュ、チ・ジニ他。全16話。百想芸術大賞テレビ部門女性最優秀演技賞。Netflix 他で配信中。

「私の名前はキム・サムスン」（２００５）

２０２０年初夏、私は夜な夜なAmazon prime videoとNetflixを彷徨《さまよ》っていました。前の月に見た韓国ドラマ「愛の不時着」が素晴らしく、好きなシーンを繰り返し見ては友人とチャットで話し、レビュー記事をいくつかのオンラインメディアと新聞に書いて、一区切りがついたところで放心状態、いわゆる「不時着ロス」になっていたからです。

ヒョンビンが主演する他の映画やドラマを見ては「何か違う」「これは私が見たいヒョンビンじゃない！」と思ってモヤモヤしていた時、友人から勧められたのが「私の名前はキム・サムスン」でした。彼女は私に「不時着」を勧めてくれた友人なので、そのセンスには全幅の信頼を置いています。

このドラマは今回取り上げた中で最も古く、韓国での放送は２００５年です。最終回の視聴率が50・５％に達したメガヒット作で、日本でもＢＳなどで放送されました。ストーリーの柱はシンプルなラブ・コメディーです。

主人公のサムスン（キム・ソナ）は腕の良い30歳のパティシエで、母と姉との３人暮らし、精米店を営んでいた父は既に亡くなっています。ある日、勤務先のレストラン経営者、ジノン（ヒョンビン）から「契約恋愛」の相手になってほしい、と頼まれます。20代後半で結婚適齢期のジノンは、母親から盛んに見合いを勧められており、断る口実に偽《にせ》の恋人を作ろうとしたのです。ちょうど実家でお金が必要だったため、サムスンはジノンの提案を受け入れて「彼女のふり」をすることで、約５００万円をもらうことにします。

実はジノンは、３年前に突然、姿を消した高校時代からの彼女・ヒジンを諦めきれず、見合いを断り続けていました。ヒジンは胃がんを患っていることが発覚したため、ジノンには黙って渡米した後、最先端の医療を受けてがんを克服し、ソウルに戻っていました。再会したジノンとヒジンはいったん元の鞘《さや》に戻りますが、既にジノンに惹かれていたサムスン、ヒジンに付き添いアメリカから同行した主治医ヘンリーが加わって、四角関係に発展していきます。

◆「太った年増のヒロイン」の革新性

このように、物語の柱は非常によくあるラブストーリーです。最初は偽物の関係だったのに本気で好きになってしまったとか、忘れられない初恋の相手と再会したとか、描かれるエピソードのひとつひとつは、過去に映画やドラマで数えきれないくらい描かれてきた定番中の定番です。

一見、ありきたりの恋愛ドラマを大ヒットさせた要因は、ヒロイン・サムスンのキャラクターが、これまでになく新しかったことでしょう。サムスンは明るく感情表現がはっきりしており、怒った時は相手を口汚く罵《ののし》ります。酔っぱらってジノンに背負われている間に、おしっこをもらしてしまうなど、恥ずかしいこともたくさんします。およそ、恋愛もののヒロインには似つかわしくない、粗雑な言動が特徴です。

劇中、サムスンは「年増」で「太っている」設定になっています。ジノンがサムスンを指して「ブタみたい」と罵ることすらあります。「不時着」でヒョンビンが演じたリ・ジョンヒョクのイメージを求めてこのドラマを見た人は、ジノンのわがままと毒舌に嫌気がさして、途中で視聴をやめてしまうかもしれません。実を言うと、私も何度か離脱しそうになったのですが、そのたびに件《くだん》の友人から「Keep watching!（見続けて）」と励まされたおかげで完走できました。

見続けているうちに、気づいたことがあります。それは、サムスンが年齢や容姿を馬鹿にされ、母親から「早く結婚しろ」とせっつかれる描写には、韓国社会に対する風刺がこめられていることです。結婚へのプレッシャーが強く、女性に対する美の基準が厳しすぎる社会の偏見を、ドラマの中であえて誇張して描くことで批判しているのです。

このドラマは、サムスンという破天荒《はてんこう》なヒロインが幸せになる物語であり、その過程で、女性を縛る様々な規範をバッサリと批判していきます。

そのひとつが体型の問題です。前述のようにサムスンは「太っている」設定で、しょっちゅうダイエットを試みています。そんなサムスンのお腹を枕にしたジノンが過去の辛い体験を打ち明ける場面があります。ここで、女性のお腹についた脂肪は、気にしたり、ダイエットや整形で除去したりする対象ではなく、好きな人に安らぎを与える良きものとして表現されているのです。

つまり、このドラマは、見た目を気にしすぎて過度なダイエットに走りがちな若い女性視聴者に対し「健康的にたくさん食べるのは良いことだ」という明確なメッセージを送っています。サムスンの恋敵・ヒジンは病気の後遺症のために少食で、非常に華奢な「守ってあげたくなるタイプ」の女性です。当初、これをうらやましく思うサムスンですが、ドラマの後半では立場が逆転します。体調を崩したヒジンのために、サムスンがお粥《かゆ》を作って自宅に持って行ってあげるシーンでは、きちんと食べることと、健康的な肉体が肯定されています。

サムスンを演じる俳優のキム・ソナは、この役のために体重を8キロ増やしたそうです。ドラマの中で「太っている」と自称したり他人から言われたりしていますが、一般的な基準に照らせば、まったく太っていません。これが太っていると認識される社会は、極度な痩《や》せ型を理想としているわけで、若い女性はさぞ生きづらいだろうと思います。このような過度な外見至上主義を「ルッキズム」と呼びます。ドラマは韓国社会のルッキズムを批判的に描いているのです。

ヒロインが体型とともに変えたいと願うものに「名前」がありました。「サムスン」という名前は古くさいとされており、ずっと笑われてきたようです。改名しようと役所に行ったり、山の上で「私はサムスンじゃない！」と叫んでみたり、自分自身を好きになれないヒロインの心情が様々な形で描かれます。最終的に彼女は、名前も体型も含め、ありのままの自分を受け入れます。ドラマのタイトルには、その意思が表れています。完走してみると、内容とタイトルのリンクに味わいを感じます。

本作は、韓国社会の過剰な容姿至上主義を批判し、「ヒロインの名前」に象徴されるアイデンティティを受け入れるストーリーによって、「あなたはそのままでいい」と訴えかけているのです。

◆王道の恋愛ドラマなのに伝統的結婚観はバッサリ

30歳のサムスンは素敵な恋愛をしたい、結婚したいと考えるごく普通の価値観を持つ女性です。繰り返される彼女の独白「恋は、馬鹿みたいだ」は、心に響きます。誰かを本気で好きになると、その人の一挙手一投足《いっきょしゅいっとうそく》が気になって天にも上る気持ちになったり、地獄のような気分を味わったりするものです。ドラマの初回、クリスマスイブに恋人に振られたサムスンは、もう恋なんてしたくない、と切実に思います。それでも、やはり恋をやめられず、ジノンを好きになってしまいます。

そしてジノンは、再会した恋人のヒジンとヨリを戻すものの、サムスンの健康的で生き生きとした魅力を忘れられず、ヒジンに別れを告げます。新しい恋を選んだジノンに対して、やりきれないヒジンは、自分たちの恋もかつては輝いていた、それと同じように、サムスンとの恋もそのうち色褪《あ》せる、と言い放ちます。その言葉を正面から受け止めたジノンは「そうかもしれない。でも、人はいつか死ぬと分かっていても、生きるだろう」と答えるのです。恋愛はいつか醒《さ》めるかもしれないけれど、今を思い切り楽しもう、というドラマが伝える人生観には、私自身も深く納得しました。最終回で手をつないでデートしているサムスンとジノンを映し出しながら、サムスンの独白がかぶさります。「命短し、恋せよ、乙女」。繰り返し描かれてきた恋愛ドラマの王道を真っすぐ描く、爽やかなシーンです。

先に述べた通り、ど真ん中に恋愛を据えながら、新しい価値観を取り込んでみせたのが、このドラマの優れたところです。そこでは伝統的な価値観に基づく結婚制度や、なりゆきのセックスによる妊娠リスクにノーをつきつけます。

サムスンの姉は、離婚して実家に帰ってきています。夫の浮気現場を見たのがきっかけで別れたため、男性を信用していません。新しい恋人ができると、居酒屋で食事をして思ったことを率直に述べ、その足でホテルへ直行します。しかも、お礼の手紙とともに10万ウォン（約1万円）を置いて先に帰ってしまうのです。これはセックスと恋愛を切り分ける行動と言えるでしょう。結婚を申し込まれても即答で断り、「結婚が嫌なら同棲しよう」と持ち掛けられると「法的な関係でもないのに家事をやらされるのはごめん」と突っぱねます。

この姉は離婚の慰謝料で店舗を借りると、妹のサムスンにケーキ店を開かせ、自ら経営に乗り出します。ジノンは事業家の御曹司ですが、サムスンは彼の庇護《ひご》のもとで働くのではなく、姉とふたり、シスターフッドに基づいた起業に取り組むのです。サムスンがパティシエとして腕利きであることは、ジノンをはじめ周囲の皆が認めていますし、彼女が努力家であることは、常に持ち歩いている料理ノートという小道具で表現されています。

サムスンは、恋愛に泣いたり笑ったりする若い女性であると同時に、経済的には自立志向の専門職女性なのです。お金持ちの坊ちゃんとの恋愛は、あくまで恋愛として楽しむ一方、彼の経済力に依存せず、契約恋愛時に受け取ったお金も耳をそろえて返しています。真のジェンダー平等は女性の経済的自立あってこそ、と考えている私は、サムスンとその姉の行動に拍手を送りたくなりました。

◆どんな相手とのセックスでも、自分の身体は自分のもの

もうひとつ、このドラマのすごいところは、恋愛と性の扱いです。ついにベッドをともに

した時、サムスンはジノンに「あれ、ある？」と尋ねるのです。「あれ」とはコンドームのこと。「ないなら買ってきて！」とサムスンから言われたジノンは、近隣のドラッグストアやコンビニエンスストアを回ってコンドームを探します。お店が閉まっていたり、残り1箱を目の前で他人に取られてしまったりとユーモラスな場面が続きます。ようやく手に入れたジノンが帰宅すると、サムスンは既にぐっすり眠っているのでした。

いつセックスするか、いつ子どもを持つかを決める権利はＳＲＨＲ（Sexual and Reproductive Health/Rights）と呼ばれ、女性の重要な基本的人権です。好きな相手と両想いになって嬉しいサムスンが、なりゆき任せにせず、相手に避妊を求めてみせることで、視聴者にも「これは当然、要求していいことなんだ」と啓発する役割を果たしたと思います。

このように、典型的なラブストーリーを真正面から扱いながら、結婚制度を批判的に見たり、キャリアを追求する女性を応援したり、性的自己決定権の重要性を描いたりと、「私の名前はキム・サムスン」はジェンダー視点で見ても新しいドラマです。15年以上も前にこのような作品を生み出した韓国ドラマ界の先進性を感じます。近年、海を越えたヒット作の数々に自然に織り込まれたジェンダー視点にもつながっていると思いました。

なお、前に書いた通り、サムスンの容姿をいじるセリフなど、現代の感覚に照らすと不適切と思うシーンは少なくありません。私が最も違和感を覚えたのは、サムスンの母が娘をほうきの柄などで叩いていたり、ジノンに水をかけたり叩いたりする暴力を振るうシーンが何度もあり、演出とはいえやりすぎだと感じました。
　最近の韓国ドラマでは、理由のない暴力シーンを見ることはあまりないので、ここには時代の変化があると言えるでしょう。

「私の名前はキム・サムスン」（２００５年、韓国）
出演：キム・ソナ、ヒョンビン他。全16話。ＤＶＤ（アミューズソフトエンタテインメント）の他、Amazon prime video で配信。

第二章

経済と性暴力の問題を統合する**アメリカドラマ**

the good fight

総論：「人権」と「経済」が地続きのアメリカドラマ

本書では他国との合作を含め、７本のアメリカドラマを取り上げています。もともと個性的でパワフルなヒロインを描くことが多いアメリカドラマの中でも、ジェンダー視点で新しい作品に絞りました。これらの作品の共通要素として、ジェンダーに基づく暴力（Gender Based Violence）を描いたことがあります。

本章で取り上げた6作品は、単純に分類すると様々なジャンルに分けられます。「ザ・グッド・ファイト」（２０１７）は法律もの、「ハンドメイズ・テイル」（２０１７）はディストピアもの、「ハウス・オブ・カード：野望の階段」（２０１３）は政治＆権力闘争もの、「ビッグ・リトル・ライズ」（２０１７）はママ友を中心としたおしゃれな日常生活、「ホームランド」（２０１１）はスパイもの、「サバイバー」（２０１６）はホワイトハウスものといった具合です。

異なるアプローチを取りつつも、これらすべてのドラマは、共通して女性の人権問題を扱っています。ドメスティックバイオレンスやレイプ、サイバー空間におけるセクハラや脅し、性と生殖に関する健康と権利など、ジェンダー問題の中でも深刻な課題を取り上げています。

ジェンダー平等に関心を持つ人も、性暴力の問題について積極的に発言する人と、そうでない人に分かれます。私が関わっている日本の男女平等政策を巡る議論を見ていると、両者に深い溝を感じることがあります。女性のリーダーシップ促進や働く女性の支援といった、経済的エンパワーメントに関心を持つ人と、セクハラやDV、性暴力など、人権侵害の回復に関心を持つ人の活動領域が分かれているためです。

仕事やプライベートで、私が両分野の専門家から聞いた話を総合すると、次のことが言えます。経済分野の女性活躍を推進したい人は、性暴力やハラスメントの問題を避ける傾向があります。しかし、性暴力被害者支援に関わる人から見れば、経済分野ばかりに注力する論調は、人権を軽視し、男性優位社会を強化・再生産している、と映るのです。

私自身は、性暴力や女性の人権問題と、経済的エンパワーメントは、ともに重要だと思っています。セクハラや性暴力が蔓延し、被害者が泣き寝入りを強いられる環境では、女性が能力を発揮することは難しいからです。

逆のことも言えます。意思決定層に女性が増えると、セクハラや性暴力問題への理解が広がり、政策に反映しやすくなります。２０２０年６月、日本政府が性犯罪・性暴力の対策強化に関する方針を出した際、先頭に立って進めたのは女性議員でした。また、シングルマザーを巡る税制改革にも女性議員のグループが一役買っています。

要するに、人権と経済は切り離せない問題なのです。本書で取り上げたアメリカドラマを見ると、人権と経済のバランスが取れていると感じます。多くの作品に社会的、経済的に成功したヒロインが登場し、彼女たちの活躍や成長を描くのと同時に、ジェンダーに基づく暴力の告発や解決、救済が描かれるからです。

◆シリアスさとエンタメ性の絶妙なバランス

政策用語で言う「女性活躍」と「配偶者等暴力防止」は、どうしても堅くてとっつきにくい印象があります。一方、ドラマは、娯楽として楽しく見るうちに社会問題にも気づくように工夫して作られています。本書で取り上げた作品群は、舞台設定や衣装など、視覚的にも楽しめるところが、優れたエンタメに必要な要素を満たしています。

カリフォルニア州にある海辺の町を舞台にした「ビッグ・リトル・ライズ」は、海と邸宅を映す美しいシーンが繰り返し登場し、原作を読んでいなければ、シリアスな題材を扱っていることに途中までまったく気づきません。シカゴの法律事務所を描く「ザ・グッド・ファイト」では、主人公の女性弁護士が毎回異なるファッショナブルなスーツやワンピース、大ぶりのアクセサリーを身につけて登場します。彼女は60代のベテラン弁護士で、大人の女性のロールモデルとして素敵に描かれています。法廷で繰り広げられる頭脳戦も見ごたえがあり、大人向けの上質なエンタメになっています。

「ハンドメイズ・テイル」は、宗教原理主義者により厳格な性別役割分業が法制化された、近未来のアメリカが舞台です。19世紀風の街並みと職業ごとに色分けされた女性たちの服装は、それを生み出した思想は極めて恐ろしいにもかかわらず、視覚的には美しいものです。

　このように、魅力にあふれる映像の中で、現実とリンクする深刻な性被害を扱うのが、本書で取り上げたアメリカドラマの特徴です。これは、性暴力告発の#MeToo運動が世界に拡大したきっかけがハリウッドだったことが影響していると思われます。

　ドラマや映画の製作過程で、業界で発言権のある監督やプロデューサーなどから性被害を受けた俳優の告発が相次いでいます。個々の事件について捜査や裁判が既に行われていますし、加害者とされた人物が手掛けた新作映画が上映できなくなった例もあります。加えて、業界特質を踏まえ、一般視聴者に対して、性暴力の存在や被害者救済、加害者処罰の必要性を伝えることで、社会的責任を果たそうとしているように見えるのです。

こうした試みは、日本のドラマ業界も後に続いてほしい点です。日本でもジェンダー視点で意義深いドラマが作られるようになっているものの、女性と仕事や家事育児分担といった議論しやすい分野が多く、アメリカ作品を見慣れている目には、かなり甘く映ります。日本でも、メディアに関する仕事をしている、または志望している女性に対する性加害の事例が、いくつも明るみに出ています。権力構造に基づく性的搾取が行われている問題に、日本のドラマ業界が踏み込める日が早く来てほしいものです。

◆「ロー・アンド・オーダー：性犯罪特捜班」の問題提起

本書では詳しく取り上げていませんが、アメリカドラマには性犯罪に特化したシリーズがあります。１９９９年から20年以上も放送されている長寿番組「ロー・アンド・オーダー：性犯罪特捜班」で、ＮＹ市警察の Special Victims Unit と呼ばれる性犯罪に特化した捜査チームを描いた作品です。

このドラマでは、毎回、性犯罪を扱います。被害者は成人女性のみならず、男性、子どものこともあり、深刻な被害描写に視聴を続けるのが難しいと感じることさえあります。時に、何年も捕まらずに同種の犯罪を繰り返す人も出てきます。

被害者への感情移入と加害者への怒りから、捜査を担当した刑事が激高してしまうシーンもあり、捜査関係者への心理的負担も大きいことが窺えます。レイプ犯と被害者の間で生まれた子どもが成人して刑事となり、性犯罪捜査にかかわる、というくだりもあります。

必ずしも勧善懲悪で事件がすっきり解決しないところも、現実に起きている問題をリアルに伝えており、やりきれなさとともに視聴者に考えさせる作りになっています。かなり重い作品群ではありますが、本書で取り上げたアメリカドラマが描く問題に関心を持った方には、「ロー・アンド・オーダー」を見ることをお勧めしたいです。深刻な問題を扱うドラマがプライムタイムに放送される長寿番組になっているところに、アメリカの視聴者層のリテラシーを感じることでしょう。

◆多様なパートナーシップと家族の形を自然に描く

もうひとつ、今回取り上げたアメリカドラマに共通するのは、パートナーシップの形が多様であることです。再婚カップル、血縁のない親子、妻の経済力が高い夫婦、50代、60代で初婚のスーパーキャリア夫婦、計画的に子どもを持たない夫婦など、家族のありようが様々です。アメリカドラマで同性カップルが登場するのは自然なことで、ある人物のパートナーが異性か同性か、それ自体はドラマのストーリー進行にまったく影響しないこともあります。

　これは、現実の状況を反映しているためでしょう。アメリカ合衆国の連邦最高裁判所は、２０１５年６月に同性婚を認める判決を下しました。それ以前から州単位では同性婚が可能な地域は多くありましたが、この判決により国単位で同性婚ができるようになったのです。

　アメリカにおける同性婚を巡る報道を見て私が思い出すのは、２００６～２００７年、フルブライト奨学金を得てアメリカのミシガン大学に留学していた時のことです。今から15年ほど前、既に大学キャンパスでは同性カップルの権利を求める動きがありました。私が親しくしていた友人女性は、女性パートナーと犬と一緒に住んでいました。彼女から話を聞き、同性のパートナーが保険金の受取人になれるように要望する署名運動に参加しました。

　留学中、ミズーリ州カンザスシティで開かれた専業パパの集まる会議を取材に行った時には、１００人余りの専業パパの中に同性カップルが複数いました。私が所属していた研究所所長の娘さんは、後に同性婚をしました。このように、わずか1年の滞在生活でも、周囲に同性カップルがいるのは当然でした。アメリカのドラマは、こうした現実を反映していると言えます。

日本では、２０２１年３月17日、札幌地方裁判所で同性婚の不受理は憲法14条違反である、という判決が出ました。この先、どんなことが可能か考える上で、アメリカのドラマが参考になるでしょう。

最後に、働く母親のひとりとして、アメリカのドラマを見る楽しみは、活躍する女性が山のように登場することです。専業主婦、在宅で働く母親、起業家、アーティスト、法律家、研究者、政治家など、女性の生き方の多様なモデルが描かれるアメリカドラマを見ると、日本のやや窮屈《きゅうくつ》なジェンダー規範を忘れて、可能性の広がりを感じられます。

私自身、仕事で困難に直面したり、差別的なニュースに怒っていたりする時に、アメリカのドラマを見るようにしています。各々に素敵な女性たちの活躍を見ていると、知らないうちに力が湧いて、明日も頑張ろう！　と思えるのです。

BLM、#MeToo、大統領弾劾……「トランプの時代」に挑んだ女たちの法廷ドラマ

「ザ・グッド・ファイト」（2017〜）

２０２１年１月20日、アメリカ合衆国でジョー・バイデン大統領が就任し、新政権が発足しました。そのわずか２週間前、１月６日に米連邦議会にトランプ支持者が乱入し、死者が出るという大惨事が起き、世界に激震が走りました。

本項では、トランプ前大統領時代のアメリカにおけるリベラル派の葛藤を描いたドラマ「ザ・グッド・ファイト」を取り上げます。ＮＨＫでも放送されたこの作品は、原稿執筆時現在、アメリカでシーズン５を制作中ということです。大ヒットした法廷ドラマ「グッド・ワイフ」で、主人公の勤務先だった弁護士事務所の経営者を主人公にしたスピンオフ作品です。現代アメリカ社会でまさに今起きている、人種問題や性暴力告発の #MeToo 運動、ＳＮＳと言論の自由問題などを扱う法廷ドラマです。

「ザ・グッド・ファイト」の主人公はダイアン・ロックハート（クリスティーン・バランスキー）というベテラン女性弁護士です。物語は、リベラル派のダイアンがトランプ大統領の就任式を放送するテレビを呆然と見つめるシーンから始まります。

追い打ちをかけるように、ダイアンを予想外の困難が襲います。シカゴの大手法律事務所のネームパートナー（事務所名に自分の姓が使われる花形弁護士）だったダイアンは、60代を迎えていました。南フランスに素敵な別荘を購入し、そこで引退後の生活を送ろうとした矢先、資産を運用していたファンドで不正が発覚、億単位の損失を被ります。突然の出来事に茫然自失するダイアンに、トランプ政権のめちゃくちゃさが追い打ちをかけます。

ドラマの中でダイアンはトランプ絡みの報道に唖然とし、現実があまりに酷いので幻想を見ることすらあります。トランプ政権下の４年間、良識ある人々が抱いてきた苛立ちや葛藤を代弁するシーンです。

老後資産をすべて失ったダイアンは、生活のために働かねばなりませんが、勤め先は既に退職済で戻る場所はありません。しかも不正を働いたファンドには、ダイアンの勧めに従って、多くの友人弁護士や女性の権利向上を目指す財団が資産運用を任せていました。信用を失ったダイアンを雇う事務所はありません。

◆ＢＬＭ運動の本質が分かるリアルな描写

そんな彼女を採用したい、と言ってきたのは黒人弁護士だけの事務所レディック＆ボーズマンでした。伝説の黒人人権活動家が設立した弁護士事務所で、警察の黒人に対する暴力事件を、被害者側代理人として多数手掛けてきた実績があります。シカゴ市警察にとっては天敵であり、人種差別と正面から闘う事務所です。

白人女性エリートの主人公ダイアンと、黒人男性エリートのボーズマン（デルロイ・リンドー）はどちらも極めて優秀です。ともに社会の不正と闘い、ある時は激しく攻め、またある時は戦略的撤退をして、最終的には勝ちに行く姿は惚れ惚れするかっこ良さ。特に、ひと仕事終えた後、ふたりがくつろいだ様子でハードリカーを飲みながら会話するシーンは心に響きます。ここにあるのは建前としての多様性ではなく、ともに戦うプロフェッショナルなのだ、情熱と戦略を共有できれば性別や人種の違いなんて関係ない――そんなメッセージが伝わってきます。

ボーズマンの事務所は、最近、日本でも知られるようになったＢＬＭ（ブラック・ライヴズ・マター：黒人の命は大切だ）運動を法律面から支援しており、警察による暴力を裁く法廷闘争が次々と出てきます。たとえば、黒人だけを狙って走行中の車を取り締まったり、別件で逮捕した黒人男性の持ち物に銃を仕込んで罪を重くしたりと、白人警官による不正や人権侵害が何度も描かれます。このドラマを見れば、ＢＬＭ問題の本質を感覚的に理解できるでしょう。

◆社会の差別は「性別」「人種」「経済」が交差したもの

ここまで見てきたように、このドラマの主要なテーマは、人種問題です。そこにジェンダーや社会経済階層の問題も絡む「交差性」が見どころのひとつです。アジア太平洋地域の人権問題に関する啓発を行う「ヒューライツ大阪」の三輪敦子さんは「交差性」について『差別の交差性・複合性』とは、いくつかの要因が複雑にからみあいながら個人に影響を及ぼす差別を意味します」（国際人権ひろば No.142）と説明します。

「ザ・グッド・ファイト」は「交差性」の問題を極めて的確に描いたドラマです。たとえば、高学歴高収入で法律事務所のネームパートナーという高い社会的地位にあり、白人でもあるダイアンは「女性であること」を理由に差別を受ける場面は少ないです。一方で、黒人男性であるボーズマンは、弁護士になったばかりの時、誰も雇ってくれず、自分で事務所を開設したという経験をしています。

つまり、白人女性のダイアンは白人男性より不利な立場に置かれた経験がありますが、黒人男性のボーズマンは彼女よりも苛烈《かれつ》な差別を受けてきたのです。

また、ボーズマンの元妻で弁護士のリズ・レディック（オードラ・マクドナルド）は、著名な人権活動家を父に持つ黒人女性です。優秀で美しい彼女には警察官の夫がいます。連邦検事補から弁護士に転じてパートナーになったリズと、現場の警察官として働く夫では、就労環境も収入も違います。問題は性別や人種だけではなく、社会階層であることに気づきます。

あるエピソードでは、シカゴで起きた弁護士連続殺人事件を描きます。これは弁護士報酬が高すぎることなどに怒った元依頼人や関係者による犯行で、ボーズマンやダイアンも標的と目されています。異常な事態に直面したダイアンは、恐怖のあまり一時的に精神のバランスを崩してしまいます。この事例では、高収入を得ている弁護士事務所のパートナーたちと普通の人々の大きな格差に焦点を当てています。

このドラマは単純な人種、性差の問題に留まらない、複雑な現実の課題をテンポよく描いていくのです。ＢＬＭ運動の原因である構造的人種差別、とりわけ警察官による黒人に対する暴力を専門に扱う弁護士事務所を舞台にしつつ、社会問題の扱いは見事にリアルです。

　複雑さ、と言えばＳＮＳと言論の自由に関するエピソードが印象的でした。Googleを想起させる大手ＩＴ企業と約86億円の顧問契約を結んだレディック＆ボーズマンは、ＳＮＳ投稿の規約を作る仕事に取り掛かります。人種や性別などに関する差別発言を取り締まるルール作りが顧客企業からの要望です。人種や性に基づく差別的な投稿が多いせいで、ディズニーなどの優良広告主が逃げてしまう状態は、ＳＮＳ上で現実に起きています。

　様々な問題投稿を前に、弁護士たちは知恵を絞ります。たとえば「死ね。フェミニストよりクソ女なのがムカつく」は明らかな女性嫌悪（ミソジニー）だと言えます。では「赤ん坊をバラバラにするなら、お前もバラバラにしてやる」は、果たして「脅迫」とみなして削除すべきなのでしょうか。それとも人工妊娠中絶に関する政治的な意見なのでしょうか。

　このシーンで男性弁護士が「レイプするぞ」という明確な犯罪の意図を記した文章でなければ脅迫には該当しない、と主張すると、女性弁護士が「レイプしたい」では取り締まれないのか？　と問いかけます。同じメッセージを見ても、自らが被害者になることを想定する女性が感じる恐怖と、それを感じない男性では受け止め方が異なるのです。

このエピソードで描かれるアカウント凍結の基準を巡る議論は、2021年1月9日、トランプ前米大統領のTwitterアカウントが永久凍結された事例を想起します。要するに現実を5年も先取りして描いたドラマであり、今見ても新鮮です。

◆日本のドラマではお目にかかれない「優秀な女性」の多類型

そしてジェンダー視点で見たこのドラマの最大の魅力は、優秀な女性がたくさん出てくるところにあります。人種、年齢、職業、社会階層が様々な彼女たちの共通項は、いずれも賢くて勇気があることです。

主人公のダイアンは前述の通り、長年、大手法律事務所の代表パートナーを務めてきました。話しぶりは落ち着いていて理知的です。若い弁護士がダイアンを評して「彼女は情熱と理想と狡猾さを併せ持つ弁護士です」と言うのが的確だと思いました。現実に物事を動かす力を持ち、自然に尊敬の念が湧く女性、それがダイアンです。

60歳をとうに超えた女性が「おばあちゃん役」ではなく、現役の法曹、経営者、社会正義の追求者、そして若い女性弁護士のメンター役を果たしている姿は非常に魅力的です。ダークカラーはもちろん、金色、赤など鮮やかな色のスーツも着こなし、大ぶりのネックレスを合わせる攻めたファッションは素敵ですし、彼女と恋人とのやり取りは現役女性そのものです。このように仕事もおしゃれも恋もしている60代女性をリアルに描くところが、アメリカのドラマを見ていて楽しいところのひとつです。

ダイアンが入った法律事務所で働くルッカ・クイン（クシュ・ジャンボ）も、非常に賢い女性弁護士です。彼女の良さは、自立心旺盛なこと。別れた恋人と一夜をともにして妊娠すると、迷わずひとりで育てると決意します。あるシーンでは、好きになった相手とドライブをしている最中に自分からキスして、相手のズボンのベルトに手をかけていました。伝統的な「待つ女」と正反対のルッカは、異性愛の女性が見ても素敵です。ちなみにルッカは黒人女性です。

優秀なのは弁護士だけではありません。事務所で調査員として働くマリッサ（サラ・スティール）もまた、非常に賢く行動力があります。彼女は常に前のめりで働き、弁護士から頼まれたことも、頼まれる前に小耳にはさんだことも、どんどん調べていきます。子どもの誕生日パーティーにもぐりこんだり、フードコートで昼食を取っている別の弁護士事務所の女性事務員からさりげなく情報を聞き出したりと、探偵のような働きぶりです。

その能力は友達付き合いにも生かされ、友人がＳＮＳで中傷されているのを知った時は、架空アカウントを駆使して犯人を突き止めます。マリッサが明るく前向きに、好きなことを追求する姿を見ていると、キャリアの初期にやるべきことが自然と見えてきそうです。

ちなみにマリッサはユダヤ人です。彼女の人種は仕事をしていく上で大きなマイナスにはなりませんが、折に触れて言及されることで、アメリカの「白人社会」をひとくくりにはできないことが分かります。

また、このドラマには数々の変わった人が登場します。中でも私が好きなのは赤毛の女性弁護士エルズベス・タシオニ（キャリー・プレストン）です。彼女は歯科医院とオフィスをシェアしており、椅子がないといってカラフルなビーチチェアを客に勧め、音声アシスタントＡＩを使いこなせずに打ち合わせ中に陽気な音楽を大音量で流してしまうなど、かなり素っ頓狂です。常にカラフルな布バッグをいくつも肩にかけ、出会った女性の服やアクセサリーなど、話の本題と無関係なものをいきなり褒めるなど、注意力が散漫でもあります。

彼女は変人でありながら、フレンドリーな笑顔と穏やかな話しぶり、そして明るさで、初対面の人の心をつかむ魅力があります。そして、エルズベスもまた、非常に優秀です。レディック＆ボーズマンがシカゴ市当局から攻撃を受けた際は、事務所側の代理人となります。

シカゴ市当局の担当者の怪しい動きを封じ込めるべく、ターゲットの妻にショッピングモールで近づいて知り合いになり、自宅に上がり込んで親しく話して情報を引き出す、スパイ顔負けの働きをするのです。

このように「ザ・グッド・ファイト」は優秀な女性キャラクターに事欠きません。主役のダイアンはもちろん、彼女の部下、アシスタントなど、年齢、人種、職業も様々な優秀な女性たちが登場しては、現実の問題と闘い、折り合いをつけ、そして勝利を重ねていきます。彼女たちの「闘い（ファイト）」ぶりは、黒人差別問題と並ぶ、このドラマの柱なのです。

私の海外ドラマ熱の再燃は、この「ザ・グッド・ファイト」がきっかけのひとつでした。多様な女性たちが当たり前のように活躍するドラマを見た後では、女と言えば主婦かＯＬ、仕事ができるなら無表情といったようなステレオタイプな女性像を垂れ流す番組は、もはや見ようと思えません。

現実の日本社会にいまだにはびこっている「女性は発言すべきでない」「わきまえているべき」という化石のようなリーダーの妄言《もうげん》に苛立ちと憤りを感じたら、ぜひ、このドラマを見て下さい。様々な年齢の女性たちが、よくしゃべり、よく動き、諦めず闘う姿を見て、化石たちを倒すシーンを心に思い浮かべ、明日へのエネルギーを蓄えてほしいのです。

私の周りにいる熱心に働き、稼いでいる女性たちは、このドラマを好きだと言います。真に活躍する多様な女性の姿を描くことは、経済的に自立した視聴者の関心を惹く上で不可欠な要素なのです。

「ザ・グッド・ファイト」（２０１７年〜、アメリカ）
出演：クリスティーン・バランスキー他。２０２１年、シーズン５を制作中。アメリカではＣＢＳで放送、プライムタイム・エミー賞などにノミネートされた。２０２０年６月現在、Amazon prime videoなどでシーズン３まで配信中。

「歩く子宮」となった女たちの戦いを描く

「ハンドメイズ・テイル／侍女の物語」（2017〜）

私は「残虐な映像」が苦手なため、本書では怖いドラマをほとんど取り上げていません。けれども「ドラマをジェンダー視点で見ることで、今の社会を考える」という本書の趣旨に照らして「ハンドメイズ・テイル／侍女の物語」は外せません！――と担当編集の永林さんから強くお勧めされて見始めたところ、衝撃のあまり書かずにいられなくなりました。

このドラマは1985年にカナダの作家マーガレット・アトウッドが発表した小説『侍女の物語』が原作です。1990年代に邦訳が出ており、SFでありながら現実に起こりえるリアリティを感じる独特の世界観に強い印象を受けました。

ドラマ版は原作を生かした構成で、見始めたら止まらない吸引力があります。ちなみに、心配していた流血シーンは間接描写で、いわゆるホラー映画のようなものではないことを、あらかじめお報せしておきます。

　以下、かなりきつい人権侵害に関する描写がありますから、暴力表現や性表現が苦手な方は次項を飛ばして、１４５ページの小見出しの後からお読み下さい。

◆厳格な性別役割分担に奪われた自由

　舞台は近未来の北米大陸です。環境汚染のために出生率が著しく低下し、多くの夫婦が望んでも子どもを作ることができず、妊娠した場合でも無事に出産に至るケースの方が稀になっている、という設定です。そんな中、アメリカ合衆国で爆弾テロが起き、立法や司法機能が停止します。テロの主犯はキリスト教原理主義者でした。テロリストたちはギレアド共和国を建国し、やがて合衆国の大半を武力で制圧します。アメリカ合衆国はアラスカのアンカレッジに暫定政府を置き、中西部の都市シカゴを巡りギレアドと闘っています。

　ギレアドは赤ん坊や子どもを神の恩寵《おんちょう》として大切にしつつ、出産可能な女性を「侍女（＝ハンドメイド）」として支配階層の家庭に分配し、産むための道具として扱います。女性の役割は「妻」「女中」「侍女」と侍女をトレーニングする「小母《おば》」に限定されています。これは、性別役割分担に基づく女性管理の徹底です。

ドラマの美しく静かな映像表現は、恐ろしさを倍加しています。主な舞台となる司令官の自宅は、支配階級ゆえ豪邸です。そこでグレーのワンピースに生成りのエプロン、グレーの三角巾の女中たちが、静かに料理や掃除をしています。前知識なしに見たら、19世紀の富裕層を描いた時代劇ドラマだと思うでしょう。

侍女たちは濃い赤のワンピースに白い帽子。外出時は同色の長いコートを重ね、「翼」と呼ばれる大きなふちのついた白いボンネットを被って顔を隠します。一方、司令官の妻たちは、青緑色のワンピースを着て髪はお団子に結っています。女の子たちはピンク色のワンピース姿です。女性たちがそれぞれ、役割に合わせた衣装を着て、静かに街を移動している様子は、とても美しく映ります。

ギレアドの定めた法によれば、頭を使う仕事は男性に任され、女性は仕事を持つことができません。そもそも、女性は字を読むことさえ禁じられています。それを支配階級の男性たちが、女性に対する思いやりだと信じているところが不気味です。

そして、前述した、妻、女中、侍女、小母が表の世界で役割を与えられる女性たちであるのに対し、裏の世界にも女性がいます。彼女たちは強制売春に従事するか、流刑地である

「コロニー」で放射能汚染物質の処理をしています。

ギレアドには厳格な身分制度があり、男性にも職業選択の自由はありません。支配階級は司令官と呼ばれる人々で、彼らは運転手などの使用人を持っています。中には「目」と呼ばれるスパイがいて、人々の行動を政府高官に報告します。侍女たちは「保護者」と呼ばれる男性に付き添われて外出することもありますが、保護というのは名ばかりの監視役です。また、街中には「天使」と呼ばれるライフルを持った男性たちが至るところにいて、治安維持につとめています。

川沿いの道や街角には、ギレアドの法を犯して処刑された人たちの死体が吊るされています。徹底した恐怖に支配されると、人は静かになるものです。こうして視覚的な美しさと静けさの中から異様な世界が見えてきます。

◆恐怖の残虐行為はすべて神の名のもとに

狂信国家ギレアドの恐ろしさを最も感じるのは身体刑です。男女ともに、決められた結婚相手以外と関係を持てば姦通罪に問われ、錘《おもり》をつけてプールで溺死させられます。国外に逃亡をはかったり、それを助けたりすれば絞首刑にされて死体は街角に吊るされます。現代の民主主義国家はこのような残虐な刑罰を禁じており、刑罰は通常、懲役や禁錮《きんこ》という自由刑ですから、ギレアドの異様さは際立っています。

女性のみに課せられる罰としては、反抗的な侍女が目をくりぬかれること、文字を読んだところを見つかれば、初犯では指1本を、再犯では手を丸ごと切り落とされること、同性愛行為をした女性はクリトリスを切除されることなどがあります。反抗的とみなされた女性は、売春宿やコロニーで死ぬまで強制売春、強制労働に従事させられます。

先に述べたように、ギレアドはキリスト教原理主義国家です。挨拶代わりに「（神の）御目の前に」「子孫に祝福を」「神のあわれみに感謝を」といった言葉が交わされます。そして、侍女が懐妊することは、神が与えた義務を果たすことであり、至上の価値とされるのです。

侍女の排卵日に近づくと行われる「儀式」は次の通りです。ここから先は性暴力に関する描写がありますので、続けて読むかどうかは慎重に判断して下さい。

司令官の妻は、主寝室のベッドに座って両足を開きます。彼女の足の間に侍女は頭を置いて寝そべります。妻は侍女の手をつかんで押さえ、その状態で司令官が侍女のワンピースの裾をまくってレイプします。この「儀式」に先立ち、司令官は旧約聖書の創世記30章の一部を暗唱します。自分が妊娠しないと知った妻・ラケルが、夫・ヤコブに、召使のビルハと性交して子どもを作り、その子を自分が育てたら良い、と述べる場面です。

ラケルは言った。「私には召し使いビルハがいます。彼女のところに入ってください。彼女が私の膝の上に子どもを産めば、私も彼女によって子どもを持つことができるでしょう。」ラケルが自分の召し使いビルハをヤコブに妻として差し出したので、ヤコブは彼女のところに入った。ビルハは身ごもってヤコブに男の子を産んだ。ラケルは言った。「神は公平に私を扱い、私の願いも聞き入れて、男の子を授けてくださった。」それで、その子をダンと名付けた。

（引用：日本聖書協会『共同訳　旧約聖書』創世紀／30章1〜6節）

つまり、狂信国家ギレアドでは、聖書に書かれていることを文字通り実行することで、性暴力を神の求めること、として正当化しているのです。現代社会を生きるまっとうなキリスト教徒が、このような行為を認めないことは、言うまでもありません。

前述した身体刑については、それらを宗教的な呼称を与えることで残酷さを誤魔化しています。例えばギレアドの法を犯した人を侍女の集団が石打ちや八つ裂きにする死刑は「救済の儀」と呼ばれています。

◆ギレアドの拷問はすべてこの世界で起きたリアル

ここまで、読むのが辛かった方もいると思います。

海外ドラマには、連続殺人犯などを描く怖い作品がたくさんありますが、「ハンドメイズ・テイル」は単なる残酷趣味のフィクションではありません。ドラマで描かれる恐ろしい出来事は、かつて実際に起きたことや、今、実際に起きていることの再現であり、それらを批判する視点が全編を貫いているからです。つまり、過去および現在の看過すべきでない女性に対する人権侵害や抑圧を、ギレアドという狂った国に凝縮して描くことで、視聴者に無権利状態の恐ろしさ、抵抗の必要性を伝えているところに、このドラマの真骨頂があります。

具体例を見ていきましょう。

「儀式」と呼ばれる司令官によるレイプの最中、侍女が自分の心と身体を切り離すシーンが何度か出てきます。これは、現代社会において、性虐待や性暴力を受けた人の多くが報告する「解《かい》離《り》」という状態です。

私はかつて、性虐待を受けた人の裁判について取材したことがあります。裁判資料には、被害を受けている最中、被害者が、自身と加害者の様子を部屋の高いところから見ているような錯《さつ》覚《かく》を覚えた、と書かれていました。耐えきれない現実に直面した時、多くの人は衝撃から心を守るため、それを非現実的な出来事であるととらえます。ドラマの中で侍女が自分の心と身体を切り離そうとした試みも、まさにこうした自己防衛反応です。

登場人物のひとりに同性愛の女性がいます。それが発覚して逮捕された後、彼女が受けた罰は、クリトリスの切除でした。これは、女性性器切除（Female Genital Mutilation：ＦＧＭ）と呼ばれ、現在もアフリカや中東、アジアの一部で行われています。ユニセフの調べによれば、世界30カ国で2億人の女の子と女性がＦＧＭを経験しており、その半数以上がインドネシア、エチオピア、エジプトの3カ国に集中しています。多くの人が、これを女性に対する人権侵害であり、廃止すべきと考えています。

また、国際人権ＮＧＯアムネスティ・インターナショナル日本法人のまとめによると、世界70カ国で同性間の合意に基づく性交渉が違法とされており、うち12カ国では、死刑に処せられる可能性があります。ドラマで描かれる女性に対する残虐な行為や同性愛への弾圧は、決して絵空事ではなく、現在進行形で起きている人権侵害なのです。

侍女たちを従順な「歩く子宮」として訓練する教育係の中高年女性たちは「小母」と呼ばれます。この人たちは電気ショックを与える棒で侍女を手なずけ、抵抗の意思を失わせていきます。このように抑圧的な体制に協力し、自分と同じ属性である被抑圧者を直接的に支配・管理する「小母」のような人たちは、歴史を振り返れば大勢います。

たとえば、２０１９年のアルジェリア映画「パピチャ　未来へのランウェイ」は、１９９０年代に起きた内戦の影響で、女性の行動が著しく制限された様子を描いています。実話をもとにしたこの映画で、女子大に入り込み、西洋文学を講義する教授を拘束して室外に追い出し、女子学生の自由な行動に物理的な攻撃を加えたのは、黒ずくめの女性たちでした。

同じことは、かつて日本でも起きました。本書２４１ページで紹介する朝ドラ「カーネーション」で、太平洋戦争中、国のために地味な服装をしろ、機械を供出しろ、と主人公に迫ったのは、地元婦人会の女性たちでした。いずれも支配階層である男性の意を汲んで、女性が女性を抑圧する構図になっています。

反抗的だとみなされた女性たちが集められる売春宿では、女性たちは薬物中毒にされた上で、死ぬまで強制売春をさせられます。こうした人身売買に基づく強制売春が歴史的な事実であることは、千葉県佐倉市の国立歴史民俗博物館で２０２０年10月から12月に開催された特別展「性差の日本史」でも明示されていました。また、汚染物質の処理を死ぬまでやらされるコロニーの様子は、ナチス・ドイツのユダヤ人強制収容所を想起させます。

ギレアドの街中に立つ黒服の男たちは「天使」と呼ばれますが、銃で人々を脅し、恐怖による支配を続けているところは、北朝鮮やシリア、そしてミャンマーの現状を思わせます。ギレアドはキリスト教原理主義国ですが、やっていることはイスラム過激主義のＩＳＩＳやタリバンとまったく変わりません。前述の映画「パピチャ」で、主人公の女子大生が「無知な人が信仰を理由に暴走している」と述べるシーンがあります。暴走を正当化するために宗教が使われるのは、洋の東西を問わず変わりません。

ギレアドに住む多くの人が国外脱出を試みます。亡命に失敗して連れ戻されれば、処刑されるか、売春や強制労働に従事させられるかです。脱出に成功した人は、ほとんどがカナダに逃げ込み、難民生活を送っています。

そういった亡命者から、ギレアドの人権侵害の実情が伝わっていても、近隣諸国はギレアドを公式に批判することを避けようとします。それはギレアドの軍事力を恐れていたり、少子化対策のためギレアドから侍女を〝輸入〟しようとしていたりするためです。

酷い人権侵害をしている独裁国家と正面から対峙することを避けるのは、日本を含め多くの国々が現実に取っている外交政策です。ドラマはギレアドの残酷さのみならず、介入をためらう周辺諸国の妥協的な姿勢を告発しています。

２０２１年５月の時点で、ウイグルにおける中国政府の弾圧や、民主主義を求める自国民に銃を向け数百人を殺したミャンマー国軍に対して、日本政府は断固たる態度を取っておらず、ドラマの中でギレアドを見逃している周辺諸国と変わらないように見えます。

◆抵抗の第一歩は自分の名前を取り戻すこと

現実に対する批判的視点に加え、本ドラマが素晴らしいのは、ひとりの侍女ジューン（エリザベス・モス）を主人公に、抵抗の可能性を描いていることです。彼女はドラマの冒頭でギレアドからの逃亡を試みますが、追手に捕まって夫・娘と引き離され、侍女訓練所に入れられてしまいます。ある司令官の家に侍女として配属された後も、彼女は自分を見失いません。ギレアドのどこかにいる娘を助け出すまでは死ねないと考えているからです。

狂ったルールと暴力に支配された世界に、ジューンの心のつぶやきが響きます。それは、狂信者ばかりのギレアドで、解放への思いを共有していた友人の侍女・エミリーが、ある日、その思想ゆえに突然いなくなったことを知り「クソ！」と心の中で叫んだり、妊娠し出産を待つ絶望的な時間に「だから、何？」と開き直ってみせることだったりします。

ドラマで描かれるジューンの強さは原作でも重要な要素でした。身体を徹底的に支配され、家族と引き離されてから3年の月日が流れても、いつか自由を手にすることを諦めず、心の自由を守ろうとしています。ドラマのジューンは生き延びるため、自分に好意を持つ司令官を手玉に取り、愛人役を務めることさえします。「司令官の子」を産んであげた後は「妻」の母性愛を利用し、赤ん坊をカナダに逃がすのです。

極限状況にあって人間性を保つものが、言葉と文字であることは、このドラマのメインメッセージのひとつです。ジューンが暮らす部屋のクロゼットの隅に、ラテン語でこんな落書きがありました。「彼らに虐げられるな」。それはジューンの前に、その家に配属されていた侍女が残したものでした。恐怖と暴力で身体を徹底的に支配されても、心は自由でいられることができるのではないか、そんな製作者の問題意識が伝わってきます。

シーズン1～3まで、36話を通しで見て、恐ろしさに息が詰まることが多い中、涙が止まらなくなるシーンがシーズン2の真ん中あたりにありました。

何度かの反抗により、コロニー送りとなった侍女エミリーが、ある事情で街に戻ってきます。エミリーはもともと細胞生物学者で、同性パートナーとの間に息子がひとりいました。パートナーと息子はカナダに脱出できたものの、アメリカ国籍のエミリーは逃げられず、侍女にされてしまった、という設定です。

エミリーはジューンの親友で、心を許せる相手でした。コロニー送りになり、二度と会えないと思っていた彼女と食料品店で再会したジューンは、まるで初対面のように「私の名前はジューン」と自己紹介をします。ジューンの自己紹介は連鎖反応を起こし、侍女たちは静かに自分の本名を近くの侍女に告げて言います。「よろしくね」と。

侍女たちは司令官の所有物として本来の名前を奪われ、「オブ・フレッド」（フレッドのもの）、「オブ・グレン」（グレンのもの）などと呼ばれています。しかし、このシーンで自らの名を口にすることで、彼女たちが、ひとりの人間であることが示されるのです。人間の尊重は、その人の名前を呼ぶことが基本であることを痛感します。この点において、女性が結婚で夫の姓に変わることを当然視する現代日本にも、ギレアド的なものが色濃くあると言えるでしょう。

狂信国家ギレアドは、決してファンタジーではないのです。ドラマでは過去を振り返る形で、ギレアドがいかにして革命を起こし、権限を掌握《しょうあく》していったかが描かれています。ある日、突然、女性は職場から放逐《ほうちく》され、銀行口座を凍結されてしまいます。

忘れてはいけないのは、ギレアドのように人権侵害を統治の特徴とする国家は、歴史的に広く存在したことです。そしてそれは、現在進行形の問題です。宗教の正当性や革命思想、時に伝統が、人権侵害を正当化する理由として、今この瞬間にも世界中で使われ続けているという現実に、思いを馳せながら見るべきドラマなのです。

「ハンドメイズ・テイル／侍女の物語」（2017年〜、アメリカ）
出演：エリザベス・モス。原作：マーガレット・アトウッド『侍女の物語』。hulu などで配信中。2021年、シーズン4が公開予定。

「ハウス・オブ・カード：野望の階段」（２０１３〜２０１８）

近年ヒットしたアメリカのドラマでは、ジェンダー視点がないものを探す方が難しいかもしれません。リーダーが女性だったり、ヒーローが夫婦や家族問題で葛藤したりすることはもはや珍しくありませんし、性暴力を正面から扱った作品も少なくありません。「ハウス・オブ・カード：野望の階段」もこの流れを汲んでおり、途中から女性の権力者が数えきれないほど出てきます。

本作品は、ホワイトハウスとその周辺で起きる出来事を描く政治ドラマで、イギリスの小説とドラマ版を原作としてNetflixが製作したアメリカ版です。２０１３年にプライムタイム・エミー賞を受賞し、ネット配信ドラマの質がテレビドラマに劣らないことを社会に示すきっかけになりました。加えて、主演を務めた著名俳優のケヴィン・スペイシーが過去の性虐待で告発されて途中で降板し、最終シーズンでは主役が「妻役」に移っています。

◆共感度ゼロのヒロインは強く冷徹

このドラマは本書で紹介する他のドラマと違い、登場人物の行動に「大義」がないのが特徴です。ヒーローやヒロインが家族や国や民主主義を守るといった理想とも無縁で、視聴を続けるうちに、後味の悪さばかりが蓄積していきます。それは、政治が泥沼にはまり込んでいくトランプ時代のアメリカを予想していたかのような現実感があります。

主人公のフランシス・アンダーウッド（ケヴィン・スペイシー）、通称フランクは民主党のベテラン議員。下院の院内総務として、議員の票を取りまとめるなど、立法府での実務に長けた人物です。彼はある時、同じ民主党の大統領に裏切られます。彼の大統領就任のために奔走した見返りに国務長官のポストを約束されていたのに、反故《ほご》にされてしまったのです。

怒りに燃えるフランクは復讐を誓い、表向きは大統領に忠実な態度を装いながら、裏で着々と準備を重ねます。彼が目指すのは大統領の椅子であり、権力をつかむためなら犯罪に手を染めることも躊躇《ちゅうちょ》しません。たとえば、こんな具合です。

ある日、民主党の若手下院議員が飲酒運転で逮捕されます。フランクは警察に裏から手を回し、この議員を釈放させました。間髪を容れずフランクの部下が議員のもとを訪れ、悪事の使い走りをさせます。売春婦を助手席に乗せて飲酒運転している時に逮捕された事実を暴露されたくなければ、言うことを聞け、というわけです。アルコール依存症だったこの議員に断酒を約束させた上で、彼をペンシルバニア州知事選挙に出馬させます。

精神的な重圧に負けて、再び酒に手を出した下院議員が政治生命を失うと、なんとフランクは、この議員を証拠隠滅のため自殺を装って殺してしまうのです。そして、空いた州知事の座に現職副大統領を推すと、フランク自らが副大統領に収まります。

同じ党の議員にも仲間意識は一切持たず、使えるものはすべてコマとみなして利用価値を失ったら消す。政治家というよりマフィアのような立ち回りが恐ろしく、主人公のフランクにはまったく感情移入できません。彼は目先の金には興味がなく、何世紀も残る遺産を生み出せる権力のみに固執しています。

冷徹な人格が作られた背景には、彼の生育環境が影響しています。サウスカロライナの貧しい家庭で生まれ、酒浸りの父親から暴力を受けて育ったこと、父親は自殺を試みるも死にきれなかったことなどが少しずつ明らかになりますが、同情を引くことはありません。巧みな情報操作によって現職大統領を陥れ、副大統領から大統領となったフランクは、故郷を訪れた際、寂しい草原にある父の墓石に立小便をかけてみせるのです。

このように、誰にも愛情や人間らしい感情を持たないフランクが唯一「私に必要な女だ。愛している」と言うのが、妻のクレア（ロビン・ライト）です。ふたりは学生時代に出会い、在学中に結婚しています。貧困層出身のフランクとは異なり、テキサス州の裕福な家庭で生まれ育ったクレアもまた、夫に劣らない野心家です。

◆余人には理解不能な冷酷夫婦の強い絆

美しく賢く財産もあるクレアには、学生時代から多くの求婚者がいました。そんな中、知性と野心だけが取り柄の貧しいフランクとの結婚に、母親は大反対しました。結婚から30年経ち、自らが死の床についていても母は娘の結婚相手を憎み、軽蔑しています。そんな相手と結婚したのは、フランクがクレアの価値観を誰より深く理解していたからです。フランクからのプロポーズの言葉をクレアは後に振り返ります。

「子どもがいるような普通の幸せはない」
「でも一生退屈させない」

ドラマで繰り返し出てくるのは「我々ふたりはチームだ」という言葉です。これは、夫婦で一緒に野望の階段を上っていくこと、お互いに支え合うことを意味しています。フランクが下院議員だった時、クレアは治水事業などを手掛ける非営利団体のトップを務めていました。立派な事業目的とは裏腹に、クレアは人材マネジメントに容赦がありません。自分に反対するスタッフは解雇し、敵対する人については、浮気相手やその家族を調べ上げて報復してきました。つまり、クレアとフランクは異なる階級出身ですが、人間として同種の汚さと冷たさを兼ね備えているのです。

この夫婦が他人には理解できない絆で結ばれていることは、たびたび描かれる夜ふたりでタバコを吸うシーンに表れています。部屋の明かりを消して１本のタバコを交互にくわえるふたりを見ていると、孤独の中、夫婦それぞれが唯一の理解者だと感じます。今では「政治的に正しくない小道具」となったタバコを、人々が寝静まった夜、こっそり吸う様子は秘密めいています。１本を分け合うのは、アメリカ合衆国大統領という世界最強の権力をやがてふたりが奪い合うことの象徴のようにも見えるのです。

この夫婦は一心に最高権力を目指しており、先にフランクの言葉を引用した通り「普通の幸せ」は求めていません。フランクは何度か「子どもは嫌いだ」と明言しています。

家族の価値を重んじるアメリカでは、大統領をはじめとするリーダーは、配偶者や子どもを公式の場に同席させます。そんなファミリー・バリューの国でカップルがお互いのみを頼りに権力の階段を上っていく様は、たとえ共感はできなくても、オルタナティブな生き方と価値観を示すものであると言えるでしょう。

ある時、クレアはフランクと対立する共和党の大統領候補の妻に、こう尋ねられます。


「子どもを持たなくて後悔したことは?」

尋ねた女性は美しく若い2児の母で、支持政党が違っても、クレアを尊敬し「ロールモデル」だと思っています。自分の質問が失礼だと気づき、すぐ「立ち入りすぎたわね」と謝ります。すると、クレアはこんな風に答えます。

「子どもを持って後悔したことはある?」

子どものいない男性が、その理由を問われることはほとんどないのに、女性ばかりが日常的にこの問いにさらされ続けるのは理不尽です。クレアの冷静な問い返しは「子どもを持つべき」「持たなければ後悔するはず」という規範を女性に押し付けてくる社会への強烈なメッセージだと思いました。

フランクとクレアは「子どもを持たない」ことを明示的に決定しています。加えて、お互いに別の恋人を持ち、その相手と夜を過ごすことも認めています。配偶者の婚外交渉を大きな出来事とはとらえていないのが、この夫婦の際立った特徴です。

ある時、クレアの元交際相手・現浮気相手である写真家と対峙したフランクはこう言うのです。

「妻と寝たくらいで分かった気になるな」

クレア自身、この写真家が自分たちのキャリアの邪魔をしそうになると、彼を脅してこんなことを言います。

「あなたを葬る」

この夫婦にとって最も大切なのは、最高権力を手にすることであり、別の相手との恋愛はただの息抜きです。人生において重要ではないのです。

◆性暴力加害者を徹底的に叩きのめす

大統領の座をつかむためフランクが行った悪事の中でも特に非倫理的だったのは、メディア操作でした。野心家の若い女性記者ゾーイ・バーンズ（ケイト・マーラ）を手なずけ、彼女に議会の内部事情をリークして次々と記事にさせたのです。スクープが欲しいゾーイは記者というよりフランクの広報係に堕《だ》していき、ネタと引き換えにフランクと性的関係を持つようになります。

フランクとゾーイの間には親子以上の年の差があります。ゾーイは時にフランクを誘惑し、時に嫌悪感を露わにしつつも、ネタを手に入れるためフランクを家に招き入れ、自ら積極的に裸の写真を撮らせてもいます。これは、対価型セクハラの構図であると同時に、ゾーイもリスクを理解した上で行動しているように見えるため、一方的な被害者には見えません。

実はクレアも学生時代に性暴力を受けたことがあります。加害者は軍人として成功を収めており、ある時、フランクが彼に勲章を与えます。パーティー会場に同席したクレアは被害当時のことを思い出して気分が悪くなり、事情を聞いたフランクは怒りに震えます。

数日後、副大統領夫人としてＣＮＮのインタビューに応えたクレアは、夫婦間に子どもがいないこと、過去に受けた人工妊娠中絶について質問を受けますが、その後、仰天の展開となります。クレアが突然、過去に受けた性暴力と加害者について実名を出して語り始めたのです。後に加害者の余罪が明らかになると、クレアは、大統領夫人や有力な女性議員の支援を受け、軍隊における性犯罪の取り締まりを強化する法律を作ろうと奔走します。

性被害を受けた人がその体験を長年隠し続けることや、被害者と思われたくないという心情は、日本でもよく聞きます。ドラマでクレアが淡々と語る様子にはリアリティがあります。彼女が必ずしも真実を語らないことで加害者を公的に抹殺するところは、正義という観点からは疑問符がつくところですが、私は納得感を覚えました。

◆女性が「真の権力」を持てば、もはや男性は不要？

このドラマは権力を持つ女性を多数描きます。大統領首席補佐官はヒスパニック系のワーキングマザー。新聞の主任政治記者は中米系の女性。国務長官、スクープを連発するオンライン記者は白人女性、下院院内総務は実利主義の元軍人女性。彼女たちは、それぞれキャリア上の野望を胸に秘め、時にそれをあからさまにし、時に隠して策略を練ります。

ジェンダー視点で見たこのドラマの新しさは、女性を「平和の使者」とか「理想主義者」のイメージに留めないこと、だと思います。本書で取り上げた他のドラマでは、ヒロインは多かれ少なかれ、何らかの理想のために働いたり闘ったりしており、その価値観に同意できなくても、行動原理は理解できました。

一方「ハウス・オブ・カード」に登場する女性たちは、自らの野望と保身、私的欲求以外の感情をあまり表に出しません。次の選挙でどのポジションを得るか、この人の指示に従い続けることは自分に利があるか等々、その行動原理は「ケア」や「愛」とは無縁です。恋愛やセックスの相手も、利用価値がなくなれば捨てる極めて利己的な人物ばかりです。

その最たるものがクレアで、いわゆる女性的要素が少ないキャラクターでした。例えばフランクが大統領に就任してすぐ、クレアは国連大使のポストを望みます。普通に考えれば政治経験が皆無の大統領夫人が就ける職ではありませんが、クレアは明言します。

「私はもうすぐ50よ。助手席ではなく運転席に座りたい」

独自の強い絆を頼りに権力の階段を上がってきたフランクとクレアですが、その関係にもやがて亀裂が入ります。フランクが大統領に就任すると、クレアは徐々に不満を持つようになるのです。そこには、クレアが人の話を聴く能力に長けており、大衆からの好感度が高いこと、フランクはそれを利用して大統領の座を保っているといった背景があります。フランクは彼女を利用していますが、クレアがフランクから受ける恩恵はどの程度なのか。この疑問が湧いた時、夫婦関係に変化が生まれます。

彼女は一時的にテキサスの実家に帰りフランクの遊説に同行しないなど、抵抗を試みます。フランクはクレアに意見を聞きますが、最終的な意思決定は自分で行います。つまり、ふたりの関係は対等ではなく、フランクの方が上なのです。

「あなたが必要。その事実が憎いの。鏡を見ても私はいない」

こう本音を述べるクレアにフランクは暴言を吐きます。

「私なしでは君など無に等しい」

口論が高じ、フランクに顔を押さえつけられてこんなことを言われても、クレアは顔色ひとつ変えません。侮辱に対して怒ったり、相手の力に対して恐怖を見せたりすることがほとんどないのが、クレアという女性キャラクターの特徴です。「女性は感情的である」とか「女性は男性より弱い」というジェンダー・バイアスを徹底的に排除して生み出されたサイボーグのようなキャラクターと言えるでしょう。

◆受けた侮辱は数倍返し

クレアの冷静さと強さが如実に表れるのは、アメリカの宿敵であるロシアの大統領とのやり取りです。プーチンを髣髴《ほうふつ》とさせる外見と設定の大統領は、クレアに何度となくセクハラ発言をしています。クレアが記者会見でロシア大統領を批判したこともあります。

ある時、フランクが暗殺未遂に遭って手術を受けている途中、クレアはロシア大統領と原油開発プロジェクトについて交渉します。

「政治の素人が偉そうに。大統領になったつもりか？　彼なしではあなたは何者でもない。美しいだけだ」

この言葉は「君など無に等しい」と言い放ったフランクの言葉と重なります。政治体制は違っても、権力を握った男の特性は変わらず、女を侮辱するわけです。ロシア大統領はさらに暴言を重ねますが、それを顔色ひとつ変えずに受け流した後、彼女は言います。

「ロシア国民は苦しんでる。半年後には赤の広場でデモが。その顔を立てるのはウンザリ。あなたは物乞いよ。ひざまずいて私たちの施しを受けなさい」

クレアは、冷静に対処していても、受けた侮辱は決して忘れません。少し時間を置いて、自分が相手より優位な立場を作ってから、きっちり仕返しをします。最終シーズンでクレアは大統領の座に就きますが、冒頭に記した理由で、その隣にフランクはいません。アメリカ史上初の女性大統領が、ファーストジェントルマンを必要としない。これは非常に示唆に富むメッセージです。

女性の完全な自立は、徹底した性悪説と人間不信の先にしかないのか。登場人物の性格が悪すぎて途中で離脱するかもしれませんが、ジェンダー視点では非常に新しい境地を感じるドラマなのです。「女性と正義」「女性と平和」「女性と理想」を結び付ける、ある種のステレオタイプに飽きた方は、きっと楽しめると思います。

「ハウス・オブ・カード：野望の階段」（２０１３～２０１８年、アメリカ）
出演：ケヴィン・スペイシー、ロビン・ライト他。全シーズン６。２０１３年プライムタイム・エミー賞。Netflix などで配信中。

超豪華スター競演作！　セレブママの日常に隠れたＤＶと女の連帯

「ビッグ・リトル・ライズ」（２０１７・２０１９）

　その夜、私はいつものように「何か面白いドラマはないかな……」と、Amazon prime video のサイトを彷徨《さまよ》っていました。ふと、女性３人の顔の上半分だけが並んでいる少し変わったパッケージ写真に目が留まり、それがニコール・キッドマン主演の「ビッグ・リトル・ライズ」でした。キッドマンは映画スターのイメージが強かったので「ドラマにも出るんだ」と少し驚き、クールビューティーをドラマでどう生かすんだろう、というミーハーな関心から見始めました。

　舞台はカリフォルニアの高級住宅地で、主な登場人物は母親たちと父親たち、そして子どもたちと学校の先生です。イントロでは毎回、海辺の道路を走る車の運転席からの美しい光景が映し出され、目の保養になります。

◆ママたちを分断する労働時間のライン

初回冒頭から引き込まれたのは、母親同士の心理戦を巧みに描いていたからです。新学期のオリエンテーションに向かう母親マデリン（リース・ウィザースプーン）は道中、足をくじいてしまい、居合わせた同じ学校の保護者ジェーン（シャイリーン・ウッドリー）の車に乗せてもらいます。

マデリンは、ジェーンがいわゆるキャリアママではないと知ると「主婦のママと知り合えて良かった」と言います。「キャリア優先の人とは分かり合えない」「（彼女たちは）ボードミーティング（役員会）ばかり行ってるから」というマデリンの言葉は、特定の人物に対する批判です。それは、同じ学校の保護者で地元教育委員会委員などを務める成功したワーキングマザーのレナータ（ローラ・ダーン）。実際に、レナータは学校でマデリンたちに会うと「ペイパルの役員になったの！」と話しますから、文字通り役員会（ボードミーティング）で忙しい、成功したキャリアママです。

ちなみに、学校に向かう車中で、ジェーンが「自分は働いている」と話すと、マデリンは

「自分も働いているが、パートタイムだ」と言います。ここでマデリンはパートタイムで働く母親は専業主婦の仲間であり、フルタイムで働くレナータのような母親との間には越えられない一線があるという自分の価値観を明確に示します。専業ママと働くママの対立という、日本でもよく聞くテーマが見えてくるシーンです。

学校では、マデリンとレナータをそれぞれ中心とするママグループができており、初日のオリエンテーションで対立は決定的になります。レナータの娘の首にアザが見つかり、ジェーンの息子がいじめの犯人と名指しされますが、本人は「やっていない」と言います。謝罪を要求するレナータと、息子を守ろうとするジェーン、ジェーンを守ろうとするマデリンのやり取りに緊張が高まっていきます。

このように、子育てを巡るママたちの葛藤と対立をメインテーマに据えつつ、ドラマは子どもたち、その配偶者など家族関係を描いていきます。私が本作を見るきっかけになったキッドマン演じるセレステは、元弁護士で現在は専業主婦。金融関係の会社で重役を務める夫と、海を見下ろす邸宅に住む富裕層です。子どもは元気でいたずら好きな双子の男の子、それは絵に描いたように幸せな家庭です。

◆ハリウッドの2大スターがドラマで共演した理由

ところで、マデリンを演じたウィザースプーンとセレステを演じたキッドマンは、ともにアカデミー主演女優賞を受賞している映画俳優です。プライベートでも親しいこのふたりが、原作本に感銘を受けてドラマ化のために奔走しました。FRONT ROW（2017年5月25日付）によれば「第一線で活躍している映画界の大物がテレビドラマに連続出演することは少なく、オスカー女優がダブル主演する『ビッグ・リトル・ライズ〜セレブママたちの憂うつ〜』はまさに異例作」であり「ドラマを通して、女性の強さや結束力が描かれている」ことが、映画とドラマの枠を超えた、トップスターの共演につながったそうです。

冒頭に示したような、単なるママ同士の就業形態ゆえの対立がテーマであったら、ウィザースプーンとキッドマンのようなスターが出演することはなかったでしょう。本作は、多くの人に分かりやすいママ同士の対立をフックにしつつ、ミステリー要素を絡めて展開します。

学校行事の最中に保護者のひとりが死んでしまうのです。被害者は誰なのか。事故なのか他殺なのか。現在の日常シーンと事件当日のシーン、そして警察から取り調べを受けて話をする保護者たちの言葉を重ね合わせながら、物語は進行していきます。

この先、種明かしも含みながら「ビッグ・リトル・ライズ」の凄みを見ていきましょう。

◆深刻な家庭問題ほど見えにくい

実は、このドラマの本当の主題はママ友同士の対立ではなく、女性に対する暴力です。それは日常生活の中に隠されていて、気づく人は少なく、時に本人ですら被害の事実に気づきません。そして、深刻な問題ほど表からは見えにくいという特徴があります。

マデリンは、自分と娘を捨てた元夫と日常的に顔を合わせる環境におり、元夫に会うたびに怒りをぶつけます。発散型のマデリンは、腹が立つことがあればすぐ態度に出すため、彼女の抱える問題は誰の目にもわかります。彼女の再婚相手はマデリンの感情を正面から受け止めています。

一方、完璧に見える結婚生活を送っているセレステは深刻な問題を抱えています。夫のペリーはとても優しく、セレステを「女神のように」崇めていますが、ふとした拍子に怒ると抑制が効かなくなり、彼女に激しい暴力を振るうのです。

たとえば、子育てに関する意見の相違があった時、ペリーはセレステの腕を、彼女が痛がるほど強くつかみます。ある時は、家事をしているセレステに「子どもを甘やかすな」「ちゃんと片づけさせろ」と小言を言い、反論されると、いったんは自分で玩具を片づけ始めますが、それを彼女の頭にぶちまけます。さらに、彼はセレステの顔をクッションに押し付けます。セレステは夫からの暴力でついたアザを化粧で隠し、美しく完璧な妻／母を演じ続けるのです。

やっかいなのは、セレステが夫の暴力に反撃していることと、その後に夫婦で激しいセックスをしていることです。怒りや暴力が特殊な性的指向の表れなのか、それともドメスティック・バイオレンスなのか、セレステ自身にも判断がついていないため、視聴者も少し混乱した気持ちを抱えたまま、展開を見守ることになります。

ある時、意を決したセレステはカウンセラーのもとへ相談に訪れます。カウンセラーはセレステの置かれた状況が「とても危険」だと言い、暴力を振るわれて「怖かったでしょう」「殺されると思ったことはないですか？」と語りかけます。専門家の目で状況が整理されていくにつれ、セレステは自分の置かれた環境が異常だと認識しはじめるのです。

その一方、セレステはペリーが妻を深く愛する夫であり、子どもにとっては非常に良い父親であると思っています。ペリーは息子たちには暴力を振るわず、よく遊んでいるからです。

暴力と幸せな家庭という矛盾に引き裂かれた状態で、セレステは苛立ちをカウンセラーにぶつけます。

このような反応は、自身がＤＶを経験している方や、身近にサバイバーがいる方は覚えがあるかもしれません。自分が受けている暴力の異常性に最初から気づいている人は、早期に逃げ出したり助けを求めたりすることができます。他方で「自分も悪いのではないか」「相手は自分のためを思って言ってくれている」というように、相手の暴力を受け入れる心理がはたらくと、セレステと似たような反応を示すことがあります。

最初は抵抗感を覚えながらカウンセラーとやり取りしていたセレステですが、夫の暴力がエスカレートしていくうちに問題を認め、夫から逃げる準備を始めます。カウンセラーの言葉は一貫して短く、核心を突いています。ドラマを見ている人の中には現在進行形で親密な関係の中で暴力を受けている人がいるかもしれません。そういう人たちにとって、セレステとカウンセラーとの対話シーンは、何らかの力になるかもしれません。

このドラマには、性暴力を受けた女性も登場します。マデリン、セレステと親しいママ友３人組のひとり、ジェーンです。彼女はシングルマザーで、性暴力によって子どもを身ごもっています。相手はバーで出会ったビジネススーツを着た男性で、ホテルでベッドに入るとジェーンに酷く侮蔑的な言葉を投げつけて去っていきます。顔も名前も知らないこの男と一夜をともにしたことでジェーンは妊娠し、出産後はひとりで子どもを育てています。

人格を否定されるようなセックスで最愛の息子ができたという事実はジェーンを苦しめ続け、繰り返し同じ悪夢を見ます。夢の中で、ジェーンは男を追いかけて海辺を走り、相手に向けて銃をかまえます。

◆ママたちの分断が連帯に変わる時

最終回では、いくつか衝撃の事実が明らかになります。まず、レナータの娘を傷つけたのがジェーンの息子ではなく、セレステの双子の息子のうちのひとりであったこと。事実を知ったレナータはジェーンに心から謝罪し、ここでママ友同士の対立が解消されます。

さらに、この事実を知ったセレステは、自分たち夫婦の不健全な関係を息子が知っていたこと、それが息子の成長に問題をもたらしたことを痛感して、離婚を決意するのです。これは「夫の愛」という心の拠り所を切り捨て、子どもを選択することを意味します。

さらに、ジェーンを辱めた昔の男がセレステの夫・ペリーであったことが判明します。真実が明らかになるシーンで、ペリーはジェーンをまったく覚えておらず、自分の犯した酷い行為を思い出しもしません。しかし、ジェーンの凍り付いた表情を見たマデリンとセレステはその事実を瞬時に理解して、「女たちvsペリー」という構図が生まれます。

　何も知らないペリーは、子どもとともに家を出ようとしている妻を引き留めたくて正気を失っており、セレステにつかみかかります。周囲の女性たちがペリーを止めに入り、乱闘騒ぎになっているところを別の母親が目撃し、発作的にペリーを階段から突き落とすのです。

　シーズン１の最終回ですべてが明らかになると、これまで存在した母親たちの分断線は消えてしまいます。バリバリ働くママとパートで働くママは、ともに子どもを最優先に考えるところが一致しています。ひとりの男性を巡り、複雑な関係にあった母親たちは、ともに守るべきもの——ママ友の命と安全——のために闘うことで、長年のわだかまりが消えるのです。母親たちは、海を見下ろす豪邸に住む富裕層であっても、小ぢんまりとした１ＬＤＫに住む貧困層であっても、「子ども最優先」というたったひとつの同じ価値観のもとに助け合える。そんな母同士の連帯を伝えているようです。

　セレステの夫のペリーは裕福で美しく、社会的にも成功しており、表面的には素晴らしい男性です。しかし、人が見ていないところでは、親しい女性を貶める「忌むべき男性性」を象徴する存在です。立場が大きく違う女性たちが協力して彼を亡きものにするストーリー展開は、女性への暴力に対する制作者と出演者の強い「ノー」の意思表示と言えるでしょう。母親たちの口裏合わせによって、この件は事故として処理されるのです。

シーズン１のラストシーンでは、５人の母親とその子どもたちが海辺に集まっています。立場を超えた女性の連帯を示すこのシーンに、成人男性の姿はありません。このドラマは明らかに、女性の女性による女性のための作品と言えるでしょう。そして、こういうフィクションが必要とされるくらい、現代社会には、女性に対する隠された暴力がはびこっているのです。

「ビッグ・リトル・ライズ」（２０１７年・２０１９年、アメリカ）
出演：ニコール・キッドマン、リース・ウィザースプーン他。シーズン1〜2、各7話。シーズン１はゴールデン・グローブ賞4冠、プライムタイムエミー賞8冠。Amazon prime video 他で配信中。

スパイでもテロリストでも当たり前に家事をする

「ホームランド」（2011〜2020）

「ホームランド」は、オバマ元アメリカ合衆国大統領も見ていたというスパイものドラマです。主人公は優秀なＣＩＡ職員キャリー・マティソン（クレア・デインズ）。アメリカでの放送開始はニューヨークのワールド・トレードセンターなどが狙われた9・11同時多発テロから10年後の２０１１年。イラク勤務経験を持ち、対テロ諜報《ちょうほう》活動を行うキャリーは、極めて強いヒロインです。

◆ヒロインは「面倒くさくて嫌な女」

キャリーはスパイとして天性の能力を持っており「アメリカ合衆国をテロから守る」目的

のためには手段を選びません。自らを危険にさらすことはもちろん、時に違法行為も躊躇《ちゅうちょ》しない彼女の行動をＣＩＡ上層部は煙たく思っています。そのため、意に沿わない異動や左遷も経験しますが、その信念が揺らぐことはありません。

ドラマの舞台はイラク、イラン、アフガニスタン、パキスタンといったイスラム圏と、ドイツやＣＩＡ本部のあるアメリカ合衆国バージニア州ラングレー、大統領のいるワシントンＤＣなど、世界各地に広がっています。キャリーはベテラン諜報員で、組織の命令をしばしば無視して単独行動を取るため、解雇されてフリーのコンサルタントになったり、ドイツ在住時は財団で働いていたりもします。

どんな組織に属していてもキャリーにとっての最優先事項は「アメリカを守る」こと。タイトルの「ホームランド」は「祖国」という意味であり、全編を貫くキャリーの愛国心をどう見るかによって、好き嫌いが分かれるドラマかもしれません。

国のために個人を犠牲にする論理を安易に受け入れてはいけないと思いつつ、キャリーを見ていると、彼女が身を賭して守ろうとする「祖国の価値」が分かるような気がするのは、クレア・デインズの演技力ゆえでしょう。彼女は16歳の時に映画「ロミオ＋ジュリエット」でレオナルド・ディカプリオの相手役を演じて人気を博した清純派女優でしたが、このドラマでは同一人物とは思えないほど「美しさ」や「女性らしさ」を感じさせません。

キャリーは双極性障害を抱えており、強い薬を手放せません。躁状態の時は集中して長時間ものを考え、精力的に活動します。彼女の部屋の壁には、アメリカを狙うテロリストの人物関係図が詳細に描かれています。思うように捜査が進まない時はたとえ仲間でも汚い言葉で罵る、とんでもない人物でもあります。

シーズン1では、イラクで8年間も囚われた後、アメリカの特殊部隊に救出された元米軍兵士ブロディ（ダミアン・ルイス）の信条と行動が焦点になります。厳しい拷問と長期の監禁に耐え、奇跡の生還を果たしたブロディを全米が英雄扱いしますが、キャリーは彼をテロリストではないか、と疑います。確たる証拠がない中、キャリーは友人のエンジニアに頼み込んでブロディの自宅全室に隠しカメラを仕掛け、自分の家にあるモニターで24時間の監視体制を取ります。捜査令状なしに個人宅を盗撮するのは明らかに違法行為です。

ともに危ない橋を渡ってカメラを仕掛けてくれた友人が、キャリーの服用する薬に気づき疑問を呈するシーンがあります。彼は、それが重度の精神疾患の薬だということを知っていました。キャリーは自分が22歳の時から病気と闘ってきたこと、信頼する上司を含め、誰も病気のことを知らないと話します。そして「あなたたちは深入りしすぎている。今さらやめさせない」と脅しのような捨て台詞を吐くのです。

もし、本当にキャリーのような人が同僚や上司だったら、迷惑極まりないでしょう。説明もなくいろんなことを手伝わされた上に八つ当たりをされたら友達をやめたくなるでしょうし、家族なら心配が絶えないはずです。実はキャリーの父も同じ病気を患っており、それに耐えかねた母は家出しています。

そのような、現実には決して近くにいてほしくない「キャリー」を魅力的に見せてしまうのが、このドラマのすごいところです。「美しく愛される女性」ではないばかりか「面倒くさくて嫌な女性」という新しいタイプのタフなヒロインなのです。

ここから先はシーズン2以降のストーリー展開に触れるので、先を知りたくない人は、見てから読むことをお勧めします。

◆日常の安らぎか、極限状態の理解か

結局、キャリーの見立ては正しかったことが明らかになります。ブロディはアルカイダに拘束されていた間にイスラム教徒に改宗し、アメリカに敵対する思想を持つようになってい

ました。彼はアメリカ副大統領を暗殺する使命を帯びて帰還していたのです。テロリストによる拷問で洗脳されたことに加え、親しくなったアルカイダ幹部の幼い息子が米軍の爆撃で命を落としたことで、作戦の責任者だった副大統領に個人的な恨みを抱いていたのです。

その後、ブロディはアメリカ内で自爆テロを起こそうとして断念、テロを諦める過程でキャリーと親しくなっていきます。もともと、ブロディには妻とふたりの子どもがおり、帰還後は家族とともに暮らしていましたが、イラクで肉体的・精神的な極限状態を経験した後では、普通の日常に戻るのは困難でした。妻には自分の体験や恐怖、絶望をうまく伝えることができずに、気持ちを分かち合えないまま夫婦の心は離れていきます。

ブロディの妻・ジェシカはいわゆる可愛らしい女性であり、若々しく魅力的で、夫の生死が分からない8年間には新しい恋人もできていました。ただし、夫の帰国後しばらくは恋人に連絡すら取らず、家族の再生のため、彼女なりの努力を重ねていました。

どこまでも可愛い妻であるジェシカと、重い病気と闘いながら信念を持ってがむしゃらに働いており、可愛さと無縁のキャリーは、対照的な女性像です。それでも、キャリーの方が魅力的に見えてしまうのはストーリー、セリフ、演技すべてが見事なためでしょう。

ブロディはジェシカと別れてキャリーとともに歩むことを決めます。自分が味わった拷問の苦しみ、戦友をこの手で殺した罪悪感、敵が味方に転じる混乱。自分が忠誠を誓う対象は母国なのか、それとも他の何かであるのか。こうした彼の極限の心理状態を理解した唯一の人物が、キャリーだったからです。

ブロディに交際を申し込まれたキャリーは迷います。祖国アメリカの副大統領暗殺を企てた過去を持つ人物と親しくなることは、CIA職員の職業倫理に反します。加えて彼女の病気はかなり重く、家族として支えるのは容易なことではありません。

自分が愛し、自分を愛して理解してくれる男性と出会っても、仕事を捨てて愛に走らないところに、キャリーがプロ中のプロであることが表れています。「あなたも仕事も欲しい」という決意を口にする彼女は、あらゆる意味で新しいタイプのヒロインです。人に好かれる可愛らしさなど、どうでもいい。自分が信じる道をあらゆる手段を尽くして進む。そして、両方手に入れるのは不可能と思われる困難な仕事と愛、どちらも諦めないと決めるのです。

◆女性スパイも母になり、男性テロリストもパンケーキを焼く

話はだいぶ飛びますが、キャリーはその後、出産してシングルマザーになります。娘との

関係を含めて描き出すシーズン４あたりから、物語は新たな展開を見せていきます。キャリーが最も普通のお母さんぶりを見せるのは、ＣＩＡを離れてドイツの財団で働いている時期です。ここでは愛情深い、ごく当たり前の母子関係が描かれます。

ただし、その後、再びＣＩＡに復帰すると、仕事と母親業の両立は次第に困難になっていきます。キャリーは自己判断で組織の助けを借りず、危険そうな人物を自宅にかくまったり、子どもの迎えの時刻に遅れてしまったりします。こうした行為が養育者として不適格とみなされて、親権を取り上げられそうになります。

このような光景が決してお話の中だけではないのがアメリカの現実と言えるでしょう。14年前にアメリカに留学した際、様々な分野で専門職や管理職として働く女性について調べたことがあります。興味深かったのが〝women in non-traditional fields（非伝統的な分野の女性たち）〟に関する話題です。軍人や戦闘機操縦士にも母親がいて、彼女たちが登壇するシンポジウムを聞いたり本を読んだりすると「女性の活躍」はあらゆる分野に及ぶのだな、と思ったものです。

また、２０２０年の初めに、イランのソレイマニ将軍暗殺に関するＣＮＮの報道を見ている時に気づいたことがあります。それは、イラクにある米軍基地がイランから報復攻撃を受けた直後の映像で、取材を受けている現場責任者の兵士も、ＣＮＮのレポーターも女性だったことです。兵士は髪をすべて帽子にたくし込んでいるため一見すると性別が分からず、レポーターは飾り気のないシャツとパンツ姿でした。女性活躍があらゆる分野に及ぶ社会では、女性だから危険地に送らない、などということはないのです。

こういうアメリカ社会の現実を映しているからこそ、生死すれすれの仕事をするキャリーが母であることも、リアルなのでしょう。

スパイものドラマと家庭生活という観点では、男性の描き方も興味深いものでした。イラクで8年間、囚われの身だったブロディは、帰国後もしばらくの間はトラウマに苦しめられています。全裸で拷問されたことや、戦友を自らの手で殺めたことを思い出しては悪夢にうなされます。アラビア語でうわごとを言いながら、隣で眠る妻の腕をアザができるほど強くつかんだり、昼間も外出できず部屋の隅でうずくまっていたりします。

表面的には穏やかな家庭生活を送りながら、副大統領の暗殺というミッションを胸に秘め、緊張が絶えない日々です。そんな中でもブロディは台所に立ち、パンケーキを焼き、家族のために朝食を作るのです。精神は発狂寸前まで追い込まれつつも、日々、生じるケア労働を淡々とこなしていく様子が印象に残ります。

こういう描写を見ていると、アメリカの家族第一主義を感じます。それと同時に、極めて平和な境遇でも、単に忙しいというだけで家庭を顧みない会社員を「自然なもの」として描く日本のドラマ作品との大きなギャップを感じるのです。

「ホームランド」（２０１１〜２０２０年、アメリカ）
出演：クレア・デインズ、ダミアン・ルイス、マンディ・パティンキン他。シーズン１〜8、各12話。シーズン１はエミー賞ドラマシリーズ部門で作品賞、脚本賞、主演女優賞、主演男優賞を受賞。Netflix、Amazon prime video、Hulu などで配信中。

「サバイバー：宿命の大統領」(2016〜2019)

ジェンダー視点でドラマを見る場合、主人公が女性だったり、作品の主題そのものがフェミニズムだったりするドラマを選びがちです。しかし、そういうことをまったく考えずに見たら「何これ、すごい！」と意外な気づきを得られるものもあります。

「サバイバー：宿命の大統領」は後者で、キーファー・サザーランド演じる主人公が、住宅開発庁長官というマイナーな閣僚ポストから、いきなり大統領になるお話です。

◆ジャック・バウアーが弱気な大統領に！

サザーランドは、世界中で大ヒットしたサスペンスドラマ「24 -TWENTY FOUR-」で主人公ジャック・バウアーを演じたことで知られています。「24」は２００１年にアメリカで放送開始、日本でも２００３年にレンタルが始まり大ヒットしました。テロリストが米大統領の暗殺を企て「あと24時間」で大事件が起こるという設定で、どんでん返しが続くスパイものドラマでした。

２００３年頃、私は「24」のＤＶＤをレンタルショップで借りてきては、明け方まで見ていました。当時はフレックス勤務の会社員記者で、〆切に間に合えば、出社の有無をあまり問われないのをいいことに、酷い時は朝４時まで「24」を見てから寝て、午後から出社していました。路上に黒いワゴン車が止まっていると「陰に銃を持った人がいるかも」と考えてしまうくらい、現実とドラマの世界を混同する中毒状態でした。それ以来、スパイやテロリスト関連のドラマは、現実逃避して没頭できるエンタメとして楽しんでいます。

それから20年近く経った２０２０年秋のこと。Netflix の画面にキーファー・サザーランドの姿を見つけました。「あ、ジャック！」と思って読んでみた「サバイバー」の第１話の紹介文は、こんな具合でした。

> 連邦議会議事堂が爆破され、議会も内閣も全滅。この未曽有の状況下で大統領権限継承

順位1位となった閣僚トム・カークマンが混乱の中、大統領に就任する。

ジャックが大統領を警護するんじゃなくて、大統領になるの？　と意外に思って見始めました。２０２１年のお正月明けにはトランプ支持者による米連邦議事堂襲撃事件が起こりましたから、このドラマが描くアメリカ合衆国の大混乱は、現実を予測していたような気さえします。また、意外なことに「男らしさ」や「リーダーシップ」の問い直しというジェンダー視点でもユニークな視聴ポイントがたくさんありました。

まず「サバイバー」の基本設定を見てみましょう。主人公は住宅開発庁長官トム・カークマン（キーファー・サザーランド）。彼は大統領の一般教書演説中、会場へは行かず別の場所で、テレビで演説を見ていました。これは「指定生存者」という、アメリカ政府の危機管理の仕組みです。大統領や主要閣僚、軍や司法関係者が同じ場所に集まる場合、万が一、攻撃に遭った時に備えて、閣僚などごく少数が別の場所で待機するのです。

ドラマでは連邦議会議事堂は何者かによって大規模爆破され、大統領を含む主要閣僚と主要な政府機関のトップがほぼ全員、死亡します。制度に基づき「指定生存者」であるカークマンが大統領に就任しますが、彼はもともと都市開発を専門とする研究者であり、議員として国内政治や外交に関わった経験はありません。「自分が大統領で申し訳ない」と弱音を吐く姿がとても印象的でした。

なぜなら、今まで私が見てきたドラマでは、大統領は皆、それなりに自信がありそうだったからです。作品によって政治的信条、性格、経歴、人種は様々でしたし、時には無能な大統領や周囲に担ぎ上げられただけの人物もいましたが、総じて、自分がそのポジションに就くことを当然視していました。

いずれにしても、一応は閣僚経験もある男性が「自信のないアメリカ合衆国大統領」になる、というのは興味深い設定です。「男性はアグレッシブでリーダーになりたがる」というジェンダー・バイアスをゆるやかに裏切りながら、物語が始まるのです。

３話くらいまで、主人公は正直でリベラル、そして弱気なヒーローで、経験を積んだ４話あたりから徐々にリーダーシップを発揮していきます。さらに、女性キャラクターの多様かつ生き生きとした描写も良い感じで効いてきます。

それはこんな人々です。当初、主人公の足を引っ張る「嫌な感じ」だったベテラン女性議員は、実は陰謀の存在を鋭く見抜いている頼りになる人物。ＦＢＩ捜査官のアジア系女性は、何度も殺されそうになっているのに捜査をやめず、前線に踏み留まる。そして、ファーストレディは移民専門の弁護士で、夫である大統領を含む誰にでも正論を解いていく――。ドラマの中で活躍する女性たちはそれぞれ専門的な仕事に携わり、職業倫理にのっとって正しいことをします。

私が特に好きだったのは、ＦＢＩ捜査官のハンナ・ウェルズ（マギー・Ｑ）です。彼女は「24」のジャック・バウアーを想起するようなキレぶりで、組織から止められても、「議事堂爆破犯を見つけて逮捕する」という信念を捨てません。危険と隣り合わせのミッションを遂行する姿はかっこよく、見ていてスカッとします。

ハンナを演じたマギー・Ｑはアイルランド系アメリカ人とベトナム人を両親に持ち、ハワイで生まれ育ったモデル出身の俳優です。ドラマの中には彼女のルーツに触れるくだりもありました。捜査の最中、ベトナム語で会話をしてみせると、同行者がちょっと驚き、ハンナが育った家庭での様子を二言三言話すという短いシーンです。

メインストーリーとは関係ありませんが、家庭で英語以外の言葉を話す人が多い現代アメリカの多様な家庭環境を示す印象的な場面でした。「サバイバー」は、人種、性的指向、経済格差などアメリカが抱える課題を随所に織り込んでいます。

◆大統領もお皿を洗い子どものケアをするのが「普通」

話を主人公とメインストーリーに戻しましょう。トム・カークマンを新しいタイプのヒーローたらしめているのは、その優しさや弱腰だけではありません。新しいことを始める際、彼は当然のように妻の意見を聞きます。ふたりの子どもを育てながら、研究者としてキャリアを積んできた、アメリカにたくさんいる普通の働く父親です。

もともと都市計画専門の研究者だったカークマンに、ある日、ホワイトハウスから「住宅開発庁長官になってほしい」というオファーが来ます。彼がそれを妻に伝えるシーンは、こんな具合です。

カークマンはキッチンでお皿を片づけています。そこに妻が帰宅し、彼はホワイトハウスからのオファーを伝え、夫婦でともに喜び合います。

ごく短いシーンですが、夫婦がともに専門性のあるキャリアを持っており、お互いを尊重していること、自分の仕事に関する意思決定が、配偶者に与える影響を理解した上で、相手の意思を確認することが分かります。たとえ要職であっても、家族の了承なしに仕事を受けたりはしません。

何より、当たり前に皿を洗いながら、こういう話をするのが良いと思いました。皿を洗う男は、特別ではないし、えらくもない。それはごく当たり前の日常なのです。ここでは、男性が家事や育児をするシーンを「描くこと」は論点ですらありません。「男性の家事育児を、やって当たり前のこととして位置付けた上で画面に出している」ところが重要です。

また、大統領就任後のカークマンが、子どもと話すシーンも頻繁に描かれます。小学生の娘とは目を見て向き合い、インターネットに書かれた誹謗中傷に心をいためる子どもに優しく語り掛けます。高校生の息子が進学先を選ぶ際は、いろんなことに気づいていながらあえて尋ねず、子どもを信頼して待つ、親としての態度の重要性をさりげなく示します。大統領といえどもひとりの人間であり、必要な時に家族と向き合う。家族重視のアメリカ的価値観が色濃く出ているとともに、日本の視聴者が学べることがたくさんあると感じました。

◆世界最強の地位にも「男らしさの呪縛」はいらない

「サバイバー」は、2021年現在、シーズン3まで公開されています。シーズン2は、男性の弱い部分をさらに掘り下げるストーリー展開になり、シーズン3は性的マイノリティを含むジェンダー問題を真正面から扱うようになります。

まず、シーズン2では、それまでカークマン大統領を支えてきた妻が事故で亡くなります。大統領の公務に同行していた最中の事故であったため、カークマンは「自分が大統領の職を引き受けなければ、妻は死なずにすんだのではないか」と自分を責めます。妻の死後、しばらくは仕事が手につかないなど、人間として当然の反応を示します。

一般人なら同情される状況であっても、世界最強の国を率いるリーダーには、悲しみに浸ることは許されません。メディアは大統領の職務遂行能力を疑うような報道をしたり、酷い時には大統領が妻を殺したのではないか、と陰謀論を拡散したりします。誹謗中傷に耐えながら、カークマンは、突然、母親を失ったふたりの子どもの父親として、彼らをケアする役割も負わなくてはいけません。

ここでカークマンが悲しみを乗り越えるのに一役買うのがカウンセラーでした。大統領の執務室で、カウンセラーからの問いかけに答えながら、カークマンは「自責の念」が妻の死と向き合う障害だと気づいていきます。

ドラマ「サバイバー」は、彼が議事堂爆破を生き延びただけでなく、妻の死という個人としての危機を生き延びるため、もがく姿も描きます。

〝世界最強ポジション〟にあるアメリカ大統領でさえ、辛さに耐えかねて引きこもってしまうことはある。もちろん、男性が弱音を吐いてもいい——。こんな風に、「男性らしさの呪縛」から人を解き放つ描写に、私は本作品にこめられたジェンダー視点を感じました。

◆穏やかに社会変革を問うことの意義

シーズン3では、人種問題やジェンダー課題、医療格差をはじめとする現代アメリカが直面する社会問題を、より分かりやすく真正面から扱います。たとえば、大統領の亡き妻の妹はトランス女性です。姉の代わりにホワイトハウスで来客対応をしていた時、女子トイレに入ったことを咎められて警備員を呼ばれる展開は、トランス女性に対する差別を描写しています。

義妹に対する差別に怒るカークマンに対し、本人が「これは私にとっては日常なの」と答える場面が印象的でした。トランス女性を巡る差別の問題は日本でもSNSで目にすることが増えていますが、本作では人権侵害を日常的に受ける現実を静かなシーンで問いかけています。

シーズン3には、プエルトリコ出身の優秀なスタッフ、イザベル・パルド（エレナ・トバル）が登場します。彼女の能力や仕事ぶりを評価し、引き上げるのが大統領首席補佐官のマーズ・ハーパー（アンソニー・エドワーズ）。野心家の白人男性で、薬物依存症の妻をケアしています。彼は当初、非常に冷たい雰囲気の「嫌な奴」です。ところが徐々に家族に対する思いやりや、経済弱者に対する同情心、そして制度を悪用する人々への憤りを表明するようになります。ハーパーはパルドを首席補佐官代理に昇進させる際、こんな風に言います。

> 僕と君はお互いに補完関係にある。ジェンダー、人種、年齢。

自分にないものを持っている優秀な人を見つけて引き上げることは、ジェンダーを含む多様性マネジメントの重要なポイントです。それを理解し、多数派の白人男性が取るべき行動を、ハーパーを通じて視聴者に伝えようとする製作者の意思を感じました。

アメリカの政治や社会を問うドラマ作品として、本書ではすでに「ザ・グッド・ファイト」を取り上げています。2作品は共に政治的にはリベラル派の視点から人種差別、女性差別などの問題を扱っていますが、大きく違うのはそのトーンです。「ザ・グッド・ファイト」

が切れ味鋭く、ラディカルであるのに対し「サバイバー」は穏やかで中道派です。前者は弁護士事務所を中心に民間部門の視点を、後者はホワイトハウス（官邸）を中心に公共部門の視点を描いているため、社会変革のアプローチも違ってくるのかもしれません。

私は「ザ・グッド・ファイト」の明快な主張に溜飲《りゅういん》を下げつつ、現実に物事を進めていく際は「サバイバー」でカークマン大統領が見せた慎重な姿勢が非常に参考になると思いました。皆さんは、いかがでしょうか。

「サバイバー：宿命の大統領」（２０１６〜２０１９年、アメリカ）
出演：キーファー・サザーランド他。シーズン１（21話）と２（22話）は米ＡＢＣ、３（10話）はNetflix製作。現在、Netflixで全話を配信中。

第三章

稼ぐ女性は見ていて辛い⁉
日本ドラマのジェンダー・ステレオタイプ

半沢直樹

総論：

二者択一の価値観の残る日本ドラマ

本書では、ジェンダーの視点から新規性や興味深い論点がある日本のドラマを取り上げました。「半沢直樹」と「私の家政夫ナギサさん」（ともに２０２０）を通じて長時間労働がもたらす歪みを考え、「結婚できない男」（２００６）と続編「まだ結婚できない男」（２０１９）では、妻子を養うという〝男役割〟を完全拒否する変わり者の主人公について、その描き方の問題を含めて検討しています。

「きのう何食べた？」（２０１９）では毎日の食事作りという無償ケア労働を男性同士のカップルを通じて考えています。「カーネーション」（２０１１）では、大好きな洋裁の仕事で起業し、母として３人の娘を育てたヒロインを通して、この１世紀に変化した法と社会を考えました。

いずれも楽しく、考えさせられる良質なエンタメだと思います。ただし、これらを選定するプロセスで、私は担当編集者の永林さんに「日本篇を書くのは難しい」と白旗を上げています。永林さんから「ヒットしたドラマを通じて社会を読む」というテーマの本で、日本に触れないわけにはいかない、と説得されて再考する、というやり取りを何度か重ねました。

なぜこんなやり取りを要したか、率直に言えば日本のドラマが描く女性像が私自身の価値観とは相容れないことが多いためです。一部の例外はありますが、多くのドラマに登場する女性の登場人物は、私から見れば可愛らしすぎ、既存の社会規範に従順すぎて、違和感を覚えてしまったのです。

本書を書くために視聴したものの、ジェンダー視点で新しいヒロイン像とは程遠く、取り上げなかったドラマも多々あります。明確に自己主張する女性キャラも出てきますが、そうした女性は「ぶっ飛びキャラ」という扱いになりがちです。契約結婚を描いて話題になった「逃げるは恥だが役に立つ」（２０１６）で、ジェンダー規範を「呪い」と看破《かんぱ》する50代女性の「ゆりちゃん」が大いに話題になるくらい、クリティカルに考え、発言する女性キャラは珍しいのです。

可愛い女性像それ自体は、目の保養とポジティブに考えることもできるでしょう。綺麗な俳優さんたちを画面越しに眺める楽しみは、確かにドラマを見る大きな誘因です。ただ、私は個人的に彼女たちの描き方に共感を覚えない、というだけです。

その結果、気づいたのは、女性より男性キャラの方に親近感が湧くことです。あくまでも私の視聴傾向に限ったことですが、この時の心理状態はどうなのか、こんな銀行員はいるか、仮にいても外資に転職しているよね……と観察的に眺めるのは男性キャラ。一方で女性キャラについてはスルー気味になっていました。

理由は、日本のドラマが描く女性像がステレオタイプで、人間というより「背景に書き込まれた女性」のように見えるからです。たとえば「半沢直樹」が描く女性のメインキャラは「妻」か「小料理屋の女将」か、という区分であり、女性を良妻と娼婦に二分する、古い女性観を踏襲したものです。もはや幻想とさえ言える女性像を2020年代に描くことには、批判を通り越してばかばかしさを感じます。

「半沢直樹」のステレオタイプは、ストーリー展開にも当てはまります。クライマックスに近い場面で、半沢が帰宅すると、なぜか妻が部屋を花でいっぱいにしてフラワーアレンジメントをしているのです。この後、半沢は自宅で国土交通大臣と密会予定でした。普通、大臣が家に来て大事な話をするなら、事前に妻に連絡するよね？　今どき、妻に何も言わずに夜、客を連れてくる夫って何なの……という疑問すら超越しています。

花に囲まれた可愛い妻（上戸彩）は、とても絵になります。そして、この場面を見た瞬間、私は展開を予想できてしまいました。「この妻は、家に来た大臣に何か、花言葉を言うはずだ。それを機に、大臣は正義に目覚めるんじゃないか」。実際にストーリーがその通りに進みました。おそらく、こういう深読みをする人は「見ない方がいいドラマ」なのでしょう。

話をもとに戻します。私が日本のドラマを見ていて女性ではなく男性キャラクターに共感するのは、自分の生き方が日本社会において「想定される女性像」から外れているからでしょう。私は生理、出産、授乳を経験している女性ですが、これを除くと自分の人生に起きたことは男性と変わりません。

私は地方都市で公立高校を卒業後、都内の国立大学に進み、ひとり暮らしをしました。大学の同期には女子が3割もいませんでした。

1996年当時の就職活動では、多くの企業が女性差別を隠しませんでした。「女性は事務職」「今年、女性総合職は取らない」といった、今ならSNSで大炎上して謝罪が必要になるような言説をよく聞きました。そうした性差別に吐き気を催したり、スルーしたりしながら、サバイバルして今に至ります。

初職で入社した企業は、経済や技術、医療の雑誌を作る会社で、学生時代には馴染みがありませんでした。でも、企業説明会でニューヨーク帰りの男性記者が楽しそうに仕事の話をし、上司とも対等にやり取りしている様子が魅力的に映り、採用試験を受けました。性別で職種を決められない企業に就職できたのは、１９７０年代生まれの日本女性としては、かなり幸運だったと思います。

その会社で男性同期と同じ賃金で同じ仕事をして、５年ほど経ったある日のこと。明け方のタクシー帰宅が続き「一体何をやっているんだろう」と虚しくなった瞬間に思い出したのが、就職活動中に聞いて吐き気を覚えた、ある企業人事担当者の「女性は事務職です」という言葉でした。

> 性別で仕事を決められ、女性社員だからと制服を着せられ、笑顔で男性の補助をさせられるような職場は、私は嫌だ。能力で仕事を割り振られ、可能な限り努力して、場合によっては過労で倒れた方がましだ――。

20年前の明け方、当時、永田町にあった勤務先の前でタクシーに乗り、紀尾井町を通過するあたりで、眠気マックスの頭でこう考えたことをよく覚えています。当時の私は、今では批判的に見ている「半沢直樹」と変わらない価値観で働いていました。不規則な生活が続いて生理が止まったり、〆切が立て込むとストレスで左胸がチリチリと痛んだりした時には、自分で自分に大丈夫と言い聞かせて乗り切りました。

あれから20年経ち、本稿執筆時は、子どもふたりを育てながら、郊外で自営業をしていました。幸い、会社員時代より稼げるようになり、仕事の内容も取引先も選ぶことができるようになって、ストレスはゼロに近くなりました。平日の日中、仕事が一区切りついてスーパーをぶらぶら歩いている時は、ひとりのおばさんとして、周囲の背景に溶け込んでいます。

おそらく今の私の外見は、日本のドラマが描く「主婦像」にはまっていることでしょう。一方で、私の内部には「女らしく生きるか」「男のように生きるか」の二者択一しかなかった二十数年前、「男性向け」の道を選んで歩いてきたことで作られた明確な価値観があります。

それは、自己主張をすること、謙虚を通り越した遠慮はしない方がいいこと、仕事は顧客の期待を上回る内容で期日を守って納品すべきこと、仕事の評価については相手の属性を問わず客観的に判断することなどです。また、ハラスメントなど人として許されない行為は、行為者の性別を問わず許されるべきではない、とも思っています。

こうした、ある意味で女性にも男性にも厳しい態度は、日本のドラマが描き出す、良く言えば優しい、悪く言えば物事を曖昧にする世界観とは相性が良くありません。日本の社会も、それを映すドラマも、無償ケア労働を配偶者に丸投げする、半沢直樹のような男性にとことことん甘いと思います。

ただし、男性の家庭参加が「ない」のは、男性個人のせいだけではなく、非効率で生産性が低い産業構造という問題もあります。そういう中で女性が働き続けようとしたら、「私の家政夫ナギサさん」の主人公のメイのように、部屋を片づける暇もないくらい忙しくなるでしょう。メイの働き方を批判的に見ながら、私は若い頃の自分を思い出しました。

2本のドラマの内容は本編に詳述しているので繰り返しません。ひとつだけ言えるのは、同じモチーフを欧米のドラマが扱ったならば、メイの労働環境を変えるような提案や行動まで描かれるはずだ、ということです。

もうひとつ、日本のドラマに感じる苛立ちは、差別的言説を笑いに紛れさせてスルーしてしまうことです。「結婚できない男」では主人公を「変人」と笑うことで、シングルという属性を笑っています。「きのう何食べた？」には、主人公の性的指向をアウティングしたり揶揄《やゆ》したりするシーンが出てきます。

この2本のドラマは好意的に取り上げているものの、差別的に見える言動が「現実とはそういうもの」と流されてしまうことには違和感を禁じ得ませんでした。独身差別、同性愛差別を描くシーンでは、一緒に見ていた子どもたちでさえ「こういうのはダメだよね」「やめてほしいよね」と言っていました。

◆「男性的」でなければ労働市場には残れなかった

今回、5本取り上げた日本のドラマのうち3本が男性主人公だった、という事実から、私自身があらためて気づいたことがあります。日本社会で経済的自立や自己決定を重視して生きてきた、現在40代以上の女性は多かれ少なかれ、日本の基準では「男性的」だ、ということです。

2019年、女性誌『Domani』が打ち出したキャッチコピー「働く女は、結局中身、オスである」に厳しい批判が集まったことがあります。私はあるテレビ番組でこの事例を解説した際「働くこと」と「男性性」を結び付ける決めつけが炎上につながった、と話しながら、このコピーに一定のリアリティを感じていました。ですから、このコピーを安全圏から批判していられる立場にはありません。

私がある時期、アメリカのドラマばかり見ていたのは、アメリカのドラマが描く女性像が自分の経験に照らして「自然」だったからです。彼女たちは様々な職で経済的に自立をしています。主婦も働く母も、はっきりと自己主張をします。それを「怖い」とか「女らしくない」と非難されることはありません。そうした世界観は私には心地よく思えました。

　要するに日本の文脈では「男性的」ととらえられる言動を、アメリカドラマの中では女性登場人物がごく当たり前にやっているのです。そこでは、夫の家事育児は当たり前であり「お願い」してやってもらうものではありません。性的マイノリティは「特別なテーマ」ではなく、存在して当然の友人や同僚として描かれます。私個人のリアリティと近いのは、日本のドラマより欧米のドラマです。

　日本篇で取り上げた、女性単独主人公のドラマは、ＮＨＫ朝の連続テレビ小説「カーネーション」のみとなりました。朝ドラでは、他にも戦前戦中戦後を生き抜いた、元気な女性をたくさん描いています。「カーネーション」の主人公・糸子は時に「強すぎる女」として描かれていますが、私には「希望を感じる女」に見えました。そして、米・欧・韓国のドラマには、糸子のような女性が当たり前のように登場するのです。

　Amazon prime video や Netflix、Hulu で海外コンテンツを簡単に見られるようになった今、私のような感覚を持つ視聴者――ずっと仕事を続け、経済的に自立し、はっきり意見を言う女性たち――は、欧・米・韓国のコンテンツ視聴に多大な時間を使うようになっています。彼女たちの可処分時間が米系コンテンツ配信会社に奪われている実態を、日本のテレビ関係者はどこまで知っているのかな、と思います。古いジェンダー観は、ビジネスの視点からも損する時代になりました。

◆経営陣が変わらなければ日本のコンテンツは変わらない

２０２１年３月、テレビ朝日「報道ステーション」のインターネットＰＲ動画が批判を集めて取り下げられました。今の日本で「ジェンダー平等なんて時代遅れ」などと述べ、差別解消に取り組む人を笑う流れ、それを女性に言わせていること、話者の女性を上から目線で馬鹿にするようなテロップが、女性のみならず男性からも批判されました。

テレビ局は外資規制などに守られた業界であり、市場競争をしていません。強い規制を正当化するのは、放送事業が持つ高い公共性ゆえです。世界的に見ても男女格差が大きい日本で、性差別があたかもなくなったかのような嘘の印象操作をした上で、問題に取り組む人を笑うのは、差別の上塗りだと私は思います。また、これを報道関係者が出してしまう不勉強と倫理観の欠如は大きな問題です。

令和の時代になっても、なぜ、このような動画が制作され、企画にゴーサインを出したのがどういう人なのか、情報は社内でも共有されていないそうです。ちなみにテレビ朝日内部には、この動画をおかしいと思っている人が少なからずいることは、付け加えておくべきでしょう。問題意識、ジェンダーの知見がある人たちが生かされない人材マネジメントの問題がそこにはあります。

今、様々なテレビ局で報道やコンテンツ制作に関わる人たちが、ジェンダー・バイアスを助長する表現を見直し、多様性に配慮した番組作りを目指しています。社内で勉強会を開き、会社横断で学ぶ機会を持つ人たちの動きがあり、時に私もそういう人々と話をしています。

問題は、既に気づいている現場スタッフと、守られた市場に安住する経営陣の認識ギャップにあるのかもしれません。なぜ、今、日本の視聴者の時間とお金がアメリカのコンテンツ配信会社による海外番組に吸い取られているのか、日本の放送事業会社の経営陣は、本気で考える時に来ていると思います。

大ヒットドラマで見る「すべてかゼロか」を迫る日本社会の闇

「半沢直樹」「私の家政夫ナギサさん」（２０２０）

２０２０年にヒットした日本ドラマと言えば「半沢直樹」、そして「私の家政夫ナギサさん」でしょう。

「半沢」は池《いけ》井《い》戸《ど》潤《じゅん》原作の企業エンタメ小説のドラマ化です。２０１３年に放送されたドラマの続編で、２０２０年９月27日に放送された最終回の視聴率が32・7%※、初回から20%※を超える異例の大ヒットとなっています。

「ナギサさん」はウェブ漫画が原作で、働く女性のもとに「家政夫」男性がやってくる、という設定です。こちらも最終回の平均視聴率は19・6%※という人気作品でした。

ともに２０２０年の日本を代表するドラマですが、「半沢」と「ナギサさん」は正反対の作品だと考える人が少なくありません。実は、ふたつの作品をジェンダーの視点で見ると浮かび上がるのは、共通する「日本企業のありよう」と「社会の問題」です。

◆7年後に〝パワハラドラマ〟となった理由

「半沢直樹」は、企業戦士の銀行マンが強い情熱を持って人並外れた働きをし、政界の悪だくみを暴くエンタメです。多くの人が、主人公・半沢直樹（堺《さかい》雅《まさ》人《と》）の活躍を見て、スカッとした気分を味わいました。

前シリーズの放送時に、主人公の決め台詞を40代の経営者が口にするのを見たことがあります。90年代に起こしたベンチャービジネスをそれなりに名の通った企業にまで育てた彼は「この場面、半沢だったら『倍返しだ！』って言うよね!!」と嬉しそうに話していました。

２０１３年放送のシリーズは、企業社会で戦う人たちのストレス、悔しさ、それを跳ねのけて上を目指す野心などを、見事に反映した作品であったと言えるでしょう。

しかし、２０２０年放送の「半沢直樹」には、賞賛とともに「時代遅れだ」という批判も寄せられました。ライターの木《き》俣《また》冬《ふゆ》さんは「セリフに潜む『暴力性』」を問題視し「登場人物の怒声や、何かにつけて行われる『土下座』の強要はスルーしづらいものがある」（ハフポスト日本版、２０２０年９月13日）と書いています。

この違和感の背景には、前作放送の２０１３年から７年が経ち、パワハラ問題に対する社会の受け止め方が変化したことがあります。象徴的な出来事として、２０１９年６月に国際労働機関（International Labour Organization：ＩＬＯ）が採択した「仕事の世界における暴力及びハラスメントの撤廃に関する条約」があります。

ＩＬＯ駐日事務所は、仕事の世界における暴力とハラスメントについてこう記しています。「一回限りのものであるか反復するものであるかを問わず、身体的、心理的、性的又は経済的損害を目的とし、又はこれらの損害をもたらし、若しくはもたらすおそれのある」「一定の容認することができない行動及び慣行またはこれらの脅威」。そして、ＩＬＯ加盟国にはその存在を「一切許容しない一般の環境の醸成」を促進する責任があるとしています。

日本はこの条約をまだ批准《ひじゅん》していませんが、批准に向けた法整備は既に始まっています。２０２０年６月に改正「労働施策の総合的な推進並びに労働者の雇用の安定及び職業生活の充実等に関する法律」が施行されました。報道では「パワハラ防止法」が施行された、と言われています。この法律により、企業などの雇用主はパワハラ防止の義務を負うようになったのです。

厚生労働省の資料によれば、身体的な暴力はもちろん、脅迫・名誉棄損・酷い暴言もパワハラに該当します。木俣さんが記事で指摘したように「半沢直樹」が描く言動が実際に企業内で起きたらパワハラと認識されるものが多いでしょう。

このように、ここ数年に起きた社会変化を踏まえると、登場人物が相手を罵倒《ばとう》するような表現が繰り返し登場し、それがあたかも良いことであるかのように描かれる「半沢」の世界観は、確かに古いと言えそうです。

しかし、現実を見れば、条約や法律があっても職場環境はすぐに変わりません。ドラマではかなり誇張されていましたが、上司と部下、監督官庁と企業という力関係の中で悔しい思いをしているビジネスパーソンは少なくありません。フィクションの世界で上司などに反論してカタルシスを味わいたい、と思うビジネスパーソンが日本に多い事実は、高い視聴率と好評価からも窺えます。

ドラマが世相を反映する、という本書の趣旨に照らすと、「半沢」の大ヒットは視聴者がパワハラ表現を容認しているというより、変わらない現実を悔しく思ったり、苦しんでいたりする人が多いことの表れではないか、と解釈できます。

◆可愛くて何も考えない妻と癒し系女将の古臭さ

「半沢直樹」批判として、パワハラに並んで多かったのは、女性キャラクターの描き方でした。特に半沢の妻・花（上《うえ》戸《と》彩《あや》）と小料理屋の女将・智美（井《い》川《がわ》遥《はるか》）の人物像は女性役割のステレオタイプを強調していました。

妻は「可愛くて難しいことは分からない」ゆえに夫の脅威にはならず、女将はサラリーマンの愚痴を優しく聞いてくれる都合の良い存在です。彼女たちが提供するのは「労働力の再生産」というケア労働であり、これが女性から男性に対して一方的に与えられる構図になっています。企業戦士である半沢に自分を重ねて視聴する人が、上戸彩や井川遥のような素敵な女性に癒されたい、という願望をフィクションの中で満たす、そんな需要に応えたこともヒットの一因でしょう。同時に男性視聴者に都合が良い女性表象は、今では批判要素になりえるのです。

ちなみに半沢直樹とほぼ同い年の私から見ると「専業主婦と小料理屋の女将」が女性のメインキャラクターという設定は、古すぎてもはや冗談の世界に見えました。約20年前に逆転してからずっと、日本では共働き世帯の数が専業主婦世帯の数を上回っています。私の大学時代の友人はたくさん銀行に就職しており、彼らの妻の多くは専業主婦になっていますが、そのほとんどが出産もしくは夫の転勤までは外で働いていました。

特に２００８年の世界金融危機以降は、家計を守る意識が高まり、従来なら出産退職していた層の女性たちも仕事を続けるようになっています。都心部で保育園の需要が高まり、待機児童がなかなかゼロにならないのはそのためです。また、夫が大企業勤務だったり大学教授だったりしても、妻たちは「安泰《あんたい》とは言えないから、仕事しなきゃ」と言うようになりました。そんな実状を踏まえると、無邪気すぎる半沢花の言動は心配になります。それに、家庭を守る女＝妻と、本音を話せる女＝女将という形で女性の役割を分けるのは、昭和から平成の初め頃の価値観ではないでしょうか。

◆働く女性の「能面」に日本社会の闇を見る

ところで、このドラマを２０２０年代のジェンダー視点で見る際、興味深いのは、仕事の世界で半沢と対峙したり共闘したりする女性たちです。

半沢の敵役は、白井亜希子・国土交通大臣（江口のりこ）です。彼女は、白ジャケットに議員バッジ、きっちり整えた髪型と、決して笑顔を見せない能面のような表情で、完全に男性社会に適応した言動を見せていました。彼女は、半沢ら銀行マンが融資を通じて救済しようと考える航空会社を国有化しようとします。巨大企業の国有化は白井大臣ひとりの意向で決まることではなく、背後には政界のボスや銀行の幹部が蠢《うごめ》いています。

　このドラマの見どころとして、俳優たちの大げさな「顔演技」がありました。対立する相手を面と向かって否定するセリフ回しに加えて、顔の筋肉を十二分に使い、憎しみや悔しさを表すので、真剣なシーンなのに思わず笑ってしまったこともあります。当時、小学生だった息子は、「半沢直樹」を評して「あの銀行のコメディ、面白いよね」と言っていました。

　確かに、このドラマを半沢たち「男性キャラクター」に自己投影して見たら、痛快です。私自身も大学卒業から十数年、男性が多数の職場で男性と同じように働いていましたし、時に上司と喧嘩しながら自分の意見を通したこともあり、当時の自分と半沢を重ね合わせて見る場面もありました。

　ちなみに、半沢が入行したと思われる90年代終わり、大手銀行は女性総合職をあまり採用しておらず、企業によっては女性総合職採用ゼロの年もあれば、採用しても非常にわずかという時代です。

制作者が意図したかどうかは分かりませんが、白井大臣はそんな超男性社会に「過剰適応した女性」をうまく表現していました。私は、企業の人材マネジメントとジェンダーに関する取材を20年以上する中で、白井大臣のような女性を何人も見てきました。上層部がほとんど男性で占められているような組織では、男女ともに、均質な文化に馴染んでいきます。そして、その文化に適応していないと、昇進していくのは難しいです。

大企業の幹部や政治家の中には、白井大臣と同じように、一見「怖い女性」がしばしばいます。ただし、少人数で話をしてみると、彼女たちは本音を隠していることに気づきます。男性社会の中でポジションを確保するために、言いたいことを言えずにいる女性は少なくありません。

このように現実と照らし合わせてみた時、ドラマ「半沢直樹」が映し出す白井大臣の苦虫をかみつぶしたような表情は、政治・経済分野における女性進出が著しく遅れている日本社会の問題を象徴しているように見えるのです。

政府系金融機関で働く谷川幸代（西田尚美《にしだなおみ》）もまた、無表情で、〝鉄の女〟と呼ばれています。男性と肩を並べて働く女性たちは、政治家でもビジネスパーソンでも、個人の感情を表に出せない。そんな悲しい現実を、ふたりの演技と重ねて見ていました。

なお、最終回近くになり、これまで仕えてきた与党幹部の悪事を知った白井大臣は、半沢の味方になっていきます。この過程で、彼女の表情が柔らかく人間的になっていく様子も興味深く見ていました。

ただし、このドラマは現実をそのまま映していたわけではありません。現実を見れば、女性大臣が性暴力の被害者救済に関する政策を推し進めたり、シングルマザーを支援する制度を様々な価値観の女性国会議員が協力して作っていたりしています。保育園を増やしてほしい、という働く親の声に耳を傾ける政治家は、与党にも野党にもいるのです。

「半沢」を楽しく見た人たちには、白井大臣に象徴されるような問題構造を知ってほしいですし、同時に、女性議員が皆、白井大臣のように「能面」で武装しているわけではないことも知ってほしいです。

◆働く女性を「家政夫」が支える構造の問題点

「半沢直樹」と同時期の放送でヒットしたドラマが「私の家政夫ナギサさん」です。主人公は製薬会社のMRである相原メイ（多部未華子《たべみかこ》）。MRとは製薬会社に勤める医薬品情報担当者のことで、仕事熱心なメイは極めて多忙です。もともと家事が苦手なこともあり、ひとり暮らしの部屋は酷く散らかっています。28歳の誕生日に、家政夫のナギサさん（大森南朋《おおもりなお》）が来て、メイの家事を引き受けてくれるようになりました。

最初は、中年男性が家に入ることに抵抗感を持っていたメイですが、徐々に馴染んでいき、ナギサさんに心を許して甘えるようになります。「実は、お母さんになりたかった」というナギサさんは、ケアの達人。部屋の掃除や料理など家事能力が高いだけでなく、優しそうな物腰もあり、仕事で疲れたメイを癒します。ナギサさんというキャラクターは、家政夫の仕事を心から楽しんでいる様子がリアルで説得力があって、好感を持ちました。働く女性たちからの「ナギサさん」好評価の声も直接聞いています。

このようにナギサさんというキャラクターには好感を持つ一方「男性が家事を献身的にやっている」という理由だけで、このドラマを作品として高評価していいのか、と私は思います。問題はナギサさんではなく、メイにあります。というより、このドラマが前提とする「働き方の常識」にあります。

メイはとても忙しく、家事をする時間がまったくありません。物語の終盤、メイのライバル社の男性もまた、家のことをまったくできていないことが判明します。ふたりとも、仕事が忙しすぎるのです。メイは医薬品の知識を身につけて医師に説明をするという専門職であり、一般的な会社員と比べて高収入ですから、忙しくても当たり前という意見もあるでしょう。ただし、それを当然視する文化には疑問を感じざるをえません。

私自身もかつて、半沢やメイのような働き方をしていました。28歳頃、経済誌の記者をしていた私は、帰宅は早くて21時、遅いと明け方という暮らしをしており、一時的に生理が止まったことがあります。会社が契約する病院で診察を受けると、医師に「毎朝、基礎体温を測って下さい」と言われました。その時「そんな時間はない」と思ったことを、今でもよく覚えています。当時は、よく女性の同僚たちと自虐交じりに「私たちも『お嫁さん』が欲しいよね」と言い合ったものです。

休日も仕事が立て込んで、友人の結婚披露宴に間に合わず、二次会から参加したことさえありました。当時は「忙しい自分」に酔っていたのですが、今振り返ると異常なワーカホリック状態です。中学時代からの親友の、おそらく一生に一度のおめでたい席に出られず、一体どんな大事な仕事をしていたのか……。今となってはまったく思い出せないのです。

過労は男性の問題でもあります。大学時代の友人で大手製薬会社のMRをしていた男性が、20代の頃「医師の接待が大変で身体を壊しそうだ」と嘆くのを聞きました。医師とアポイントを取れず診察室の前で長時間待つとか、人間関係を築くために飲食店で接待するような業界の文化は、キャリアの構築期にある男性にとっても、きつく感じられたようです。

「半沢」が描く銀行業界もかつては非常な長時間労働でした。20年ほど前、大手銀行勤務の友人から23時半すぎに電話を受けたことがあります。「やることがないけれど会社にいる」と嘆く彼は、夜中近くに上司の気分で始まる非公式の打ち合わせを待っており「これに出ないと必要な情報が入らない」とぼやいていました。無駄な長時間労働は多くの場合、パワハラとセットになっていて、彼の上司もまた、パワハラ発言が通常のコミュニケーションになっていました。

　自分自身の反省や、様々な業種で長時間労働を経験してきた男女の友人たちを思い起こしながら「ナギサさん」を見ると「それは根本的な解決なのだろうか？」という疑問が湧きます。ナギサさん自体は「かっこいいわけではないけれど魅力的な男性像」を的確に表していて、とても好感を持ちました。男性がケア労働に向いていることもあるし、自分のやりたい仕事に就いて楽しそうに働いている様子は、男性の生き方の多様な選択肢を示している、と思います。でも、メイは、このままでいいのでしょうか。彼女は、ナギサさんに「お母さん」になってもらい、自分は馬車馬のように働けたら、問題は解決するのでしょうか。

◆半沢もナギサさんも「すべてかゼロか」を迫られる

私にはそうは思えません。相原メイが「女版・半沢直樹」になり、ナギサさんが「男版・花&智美」になるような、単なる性別役割の交換では、根本的な解決になりません。

一番の問題は「正社員＝無制限に残業できるのが当たり前」という価値観です。メイの場合は、起きている時間はすべて仕事に充てる長時間労働が常態化していました。MRという職種から裁量労働制で働いていることが推測できます。これは、仕事の進め方について、個々の労働者の「裁量」に委ねることでより高い成果を期待し、残業時間や手当の概念がない代わり、基本給に一定額の「みなし残業代」が上積みされるという働き方です。

私も会社員記者の時は、裁量労働制でした。記者の仕事は〆切に間に合うよう取材して原稿を書く必要がありますから、時に夜中や休日に働きます。その代わり、〆切明けには午後から出社しても咎められることはありませんでした。

こうした働き方は「自由」だと言われますが、自分で線引きできないと、無制限に働いて燃え尽きることになります。この問題は、ドラマの終盤でナギサさんの過去として描かれます。ナギサさんは元大手製薬会社のMRだったという設定なのですが、もしその会社が長時間労働ではなかったら、果たして彼はMRを辞めてフルタイムの家政夫として働くことを選んだでしょうか。

つまり「半沢」と「ナギサさん」は、ともに、無制限の残業を受け入れて働くか、会社を辞めるかという二者択一を前提にしたドラマなのです。「半沢」は前者を、「ナギサさん」は後者を選びました。ふたりの男性キャラクターは、正反対の選択をしたため、表面的に見えるものはまったく違いますが、どちらも、同じ「all or nothing（すべてかゼロか）」という価値観が基盤になっています。

仕事と私生活については、社会学の分野で研究の蓄積があります。本項の締めくくりに、「ジェンダー」に加えて、もうひとつの思考枠組みでふたつのドラマを見てみましょう。それは「ideal worker's norm（理想的な労働者の規範）」と呼ばれるもので、いつでも雇用主の求めに応じて長時間労働する気のある労働者を指します。

この規範が多くの労働者を身体的・精神的に苦しい立場に追い込み、仕事と家庭生活の両立を困難にしていることは、日本だけでなく、アメリカなどにも共通する問題です。ただし「サバイバー」などで見てきたように、欧米のドラマでは、既に高い職位に就く男性が家事や育児をすることを「当たり前」のこととして描いています。実際、これらの国々では、男性も自分の人生を職場に委ねてしまうのではなく、家庭とのバランスの中で自律的に考えるようになっています。

翻って日本社会はどうでしょう。「半沢」と「ナギサさん」を見ると、２０２０年時点で日本の企業社会が抱えている課題に気づくのではないでしょうか。それは、企業の一社員でさえ仕事と私生活の両立が難しいという、先進国としてはお粗末な働き方の問題です。

※視聴率はいずれもビデオリサーチ調べ、関東地区の数字。

「半沢直樹」（２０２０年、ＴＢＳ系で放送）
出演：堺雅人、上戸彩、井川遥、江口のりこ、柄本明、香川照之他。原作は池井戸潤の小説。Paraviで配信中。

「私の家政夫ナギサさん」（２０２０年、ＴＢＳ系で放送）
出演：多部未華子、大森南朋、瀬戸康史、眞栄田郷敦、高橋メアリージュン他。原作は四ツ原フリコの漫画。Paraviで配信中。

「きのう何食べた？」（2019）

「きのう何食べた？」は、40代の弁護士と美容師の日常生活を描くドラマです。よしながふみの漫画を忠実に映像化したもので、原作の漫画、ドラマともに高い支持を得ています。

この作品にはふたつの柱があります。ひとつ目は男性の同性愛者を主役にしたこと、ふたつ目は「食べること」を中心に人間関係を描くことです。

主人公は弁護士の筧《かけい》史朗《しろう》（西島秀俊《にしじまひでとし》）。パートナーの矢吹賢二《やぶきけんじ》（内野聖陽《うちのせいよう》）と囲む食卓が、物語の中心です。

このドラマは性的指向を超えた、普遍的に大事なことを淡々と描いています。史朗は、安くて身近な食材を使って栄養バランスの良い食事を作るのが得意です。仕事帰りに商店街の食品スーパーに立ち寄ってセール品を買ったり、冷蔵庫に残っていた野菜を使い切る工夫をしたりして、日々の食卓を整えます。

ある日、閉店直前に買い物をしようとした史朗は、目当ての食材が売り切れで、別の食材を見て「高い」と思い購入をためらっていました。すると、店員が半額のシールを貼ってくれ、史朗は大喜びします。弁護士と言えば、社会的地位も収入も高いイメージがありますが、史朗は節約の感覚が徹底しており、買い物も料理も庶民的で親近感を覚えます。

こんな風に史朗の料理を買い物段階から描くことで、このドラマはいわゆる「男の料理」に付随するジェンダー・ステレオタイプを覆します。一般的に「男の料理」というと、特別な時や気が向いた時にやるもので、無駄に高い食材を買ってきたり、やたら時間がかかったり、後片づけをしなかったりするイメージがあります。

一方、史朗の料理は毎日のルーティンです。家計に負担をかけずに、手早く作っています。帰宅は賢二の方が少し遅いため、史朗が先に帰宅し、鍋料理の場合は材料を切ってだしを取って準備をしたところに賢二が帰宅する、といった具合に段取りも完璧です。

加えて、毎回のメニューがとても工夫されていて現実的です。仕事帰りに1時間以内に作ることができ、タンパク質と野菜がバランスよく入っており、何より美味しそうです。私もドラマで描かれる手順に従って、鶏の香草パン粉焼き、鶏のトマト煮、鮭ときゅうりと卵のちらし寿司などを作ってみたところ、子どもたちに大好評でした。

朝日新聞社の書評サイト「好書好日」に掲載された原作者よしながふみのインタビュー（２０１９年4月5日公開）によれば、作品に登場する料理は作者自ら試作しているそうです。フルタイムで働いている人が、夕方帰宅時に買い物をして作って食べるのにぴったりの「実現可能な美味しい料理」を描いているのは、このドラマの大きな魅力です。

◆ともに、美味しく食べることの普遍性

先に記した通り、この作品の柱は男性同性愛カップルを描いたことと、日常的な料理と食事のシーンを重視することです。史朗や賢二に私が共感したのは、彼らの生活が自分と地続きだと感じたからでした。仕事の合間に「今日、何食べようか」と考えて冷蔵庫の在庫を確認したり、ＳＮＳで流れてきたレシピからヒントを得たり。働きながら食事を作る日常生活には、性別も性的指向も超えた普遍性があります。

ちなみに、現在中学１年生の息子も「きのう何食べた？」が大好きで、原作漫画はkindleで購入して全巻、繰り返し読んでいます。夕食のメニューを見ると「これ、あのド

ラマで作っていたやつだよね。美味しいよね」と言います。「ともに食べること」を通じた日々の生活を大事にすることの意味は、世代を超えた価値があるようです。

原作でもドラマでも、「誰といかなるシチュエーションで何を食べるか」という問いが繰り返し現れ、独自の答えが描かれます。

たとえば、史朗はふだん、栄養バランスの取れた副菜を何品も作ることで満足度を上げ、食べすぎを防ぐ工夫をしています。自分も賢二も中年期に入っており、健康の観点から炭水化物、脂肪やコレステロールを控えるべきである、と考えているからです。ただし、特別な日の食事はふだん、制限している食材をふんだんに使うこともあります。クリスマスに必ず作っていた「ほうれん草入りのラザニヤ」「明太子サワークリームディップ」などは、高カロリーで美味しいものの代表です。

食事のシーンで印象的なのは、賢二がいつも美味しそうに史朗の料理を食べていることです。たとえば具沢山のそうめんを作った時は「美味し～い。薬味一杯で、トマトの酸味もあって」、また別の日は「この鶏のトマト煮、なんかすっごいコクがあって美味しい～」といった具合です。このカップルは、史朗が「作る人」で賢二はもっぱら「食べる人」と役割分担がほぼ固定しています。

「食べる人」である賢二は一口目の後、必ず的を射たポジティブな感想を述べ、それが呼び水になって史朗が調理の工夫について話す、というやり取りがあります。食べる人の的確かつ明るい反応によって「作る人」は「喜んでもらえて嬉しい」という心理的報酬を得ているのです。

これは異性同士のカップルにも大事な教訓です。主に家事を担う人がしばしば虚しい気持ちになるのは、作業量が多いことだけが理由ではありません。「ケアされる側」が「する側」の努力や好意に無頓着であることが、疲労感を増大させるのです。たとえ自らは手を動かしていなくても、相手の努力を認識し、気づいたことを言葉で表すことは非常に重要です。家事分担のみならず、気持ちのシェアにも着目したところに、本作品の細やかさを感じました。

ドラマの中で、史朗が「ごめん、じゃなくて、ありがとうと言われる方が俺も嬉しい」と言うシーンがあります。こうした言葉は、夫婦や異性カップルにとっても自分の行動を顧みるきっかけになるでしょう。

私は、ほぼ毎日、小中学生ふたりの子どもに食事を作っています。仕事の合間に買い物に行き、仕事を途中で切り上げて料理をするのはそれなりに大変です。ただし、子どもが「これ、美味しい」「おかわり、ある？」と言ってくれると、作ることにかかるコストは飛んでいきます。本当に美味しい時に言ってくれる「また明日、これ作って」は、大きな報酬です。史朗と賢二の食事風景を見ていると、ともに食事をすることの意味や「美味しいね」と言ってもらえる喜びという、人間にとって大切なことをあらためて実感するのです。

◆「切れない、けれど踏み込みすぎない」親子関係

ひとり息子の史朗は、折を見て両親が暮らす実家を訪れ、母と一緒に台所に立ちます。とんかつの衣のつけ方を母に聞き、自分の節約志向や合理的な料理のやり方は母親譲りだな、と史朗が感じるシーンがあります。手際よく副菜を作る息子を母は嬉しそうに見ています。団塊世代の両親は、息子が同性愛であることを頭で受け入れていても、気持ちでは理解しきれていません。「いつかは女性と結婚するのではないか」と期待を捨てきれず、性的指向と反社会性を混同することさえあります。見ていて少し辛い気持ちになりますが、ドラマの中では、比較的よくあること、として描かれていました。

成人した子どもと親の距離感は、性的指向を超えた課題です。ある日、史朗は近所に住む主婦・佳代子（田中美佐子）の家を訪れます。佳代子と史朗は量の多い食材をシェアする間

柄で、いわば料理友達です。

佳代子の家では、30歳を過ぎた娘と父親の間で諍《いさか》いが起きていました。娘に結婚や子どもについて水を向けた父親が怒られていたのです。孫の顔を見たい父親と、どっちでもいいけれど今なら自分たちも元気だから育児を手伝えると言う母親。結婚も出産も考えていない娘。この様子を見て史朗は、親子問題は同性愛者に特有ではないと知るのでした。

親と子の距離の取り方や干渉の度合いにおいて、このドラマも原作も、絶妙に日本的なところを描いています。欧米のドラマで、親が子どもの性的指向や恋人の有無、結婚や出産についてとやかく言うシーンは非常に少なく、干渉する親が登場する場合は「遅れている」「子どもを抑圧している」という風に批判的に位置づけられます。

一方、韓国ドラマには子どもの進学や恋愛、結婚に過剰介入する親が定番キャラのように登場します。「きのう何食べた？」が描き出す「切れない、けれど踏み込みすぎない」親子関係は、欧米と韓国の間に位置する実に日本的なものではないか、と思いました。

史朗は両親が同性愛を本当の意味では理解できていないことに、多少の苛立ちを覚えつつ、上の世代だから仕方ない、と受け入れている面もあります。史朗とは対照的に、賢二は両親との交流がほとんどありません。母は姉やその子どもたちと暮らしており、父は子どもの頃に浮気相手のもとに行ったきりです。時折、帰ってきてはお金をせびり、家族に暴力を振るう父を、賢二は心底、嫌っています。

ある日、賢二の父が生活保護を受けていることが判明します。行政手続きの中で、血縁者である賢二や、正式に離婚はしていない母に「扶養照会」が届く場面が印象的です。賢二はそれを断りつつ、肉親ゆえに扶養できないかと問われることだけが、父が生存している証になっている現実を、複雑な思いで受け止めているのです。

◆実質的に〝家族〟でも法的保護がない同性カップル

かつて、ＬＧＢＴＱ活動家のセミナーに参加した時、「一番難しいのは家族や親、友人」と聞いたことがあります。不特定多数向けに自らの性的指向をカミングアウトして、政策提言をしている勇気のある人でも、実は、身近な他者には言いにくいという趣旨でした。

「きのう何食べた?」には、この問題が繰り返し登場します。同性愛者であることを隠さない賢二に対し、史朗は自分の性的指向をオープンにしたいと思っていません。職場の法律事務所では「独身」で通しています。

ある日、史朗は賢二の友人の男性カップルと食事をすることになりました。食事が進むと、友人は史朗に相談を持ち掛けます。自分の財産はすべてパートナーに譲りたいので、史朗に法的な手続きを頼みたいと言うのです。実家の両親が健在であるため、民法の遺留分規定に従うと、遺言状があっても財産の3分の1は両親が受け取る権利があります。しかし、彼はこう語ります。

「僕が歯を食いしばってためた金を、田舎の両親にびた一文渡したくないんです。ヨシくんとは養子縁組をしようと思っています」

穏やかな日常を描いたドラマの中で、この場面は涙があふれてきました。こんな背景を読み取ることができるからです。

この友人も史朗も、仕事で一定の成功を収め、相応の財産や貯金があります。安定した関係の愛するパートナーもいます。仮に本人が不慮の事故で亡くなった場合、男女の夫婦であれば様々な意思決定に関与し、財産を相続することができます。しかし、婚姻関係にない同性カップルの場合、法律はそうした権利を保障しないのです。

日本には同性婚の制度がありませんから、この男性はパートナーの「ヨシくん」に全財産を譲ることができない。そして、セリフにはありませんが、「田舎の両親」はおそらく、彼が同性愛であることを認めなかったと推測できます。自分のアイデンティティを受け入れなかった人たちに、それが血縁であっても財産を渡したくないのは当然の心情でしょう。

ここで描かれる風景は、先述した賢二の例と対照的です。血縁があるだけで、扶養されず暴力を受けてきた子どもが、親を扶養する義務について行政から連絡を受ける。完全に破綻した関係でも法的なつながりがあれば、義務を問われる一方で、どれほど愛情に満ちた長期的な関係でも、法的に保護されていなければ、いざという時、権利を主張できないのです。これはあまりにも理不尽です。

ドラマが描いてみせるのは、ごく個人的なエピソードです。それを掘り下げることで、異性愛者だけが法的に保護される現状と、それがもたらす人権侵害を肌感覚で理解できます。「Personal is political（個人的なことは政治的なこと）」というフェミニズムのスローガンを具現化している場面であると言えるでしょう。

そして、彼らの関係の深さ、愛情の深さを示すのは血縁や法的なつながりではなく、淡々と積み重ねられる食事シーンなのです。２０２１年3月17日、札幌地方裁判所で同性同士の結婚を認めないのは憲法14条で定めた「法の下の平等」に違反する、という判決が出ました。報道を機にこの問題に関心を持った方は「きのう何食べた?」をぜひ見ていただきたいです。日本社会と法制度が、踏みにじっている人生はいかなるものか。史朗と賢二の温かく穏やかな日常生活を見れば、一刻も早く制度を変えるべきことは明らかです。

「きのう何食べた?」（２０１９年、テレビ東京系）
出演：西島秀俊、内野聖陽他。原作：よしながふみ「きのう何食べた?」（講談社）。全12話。Amazon prime video、Netflixなどで配信中。「正月スペシャル２０２０」はＢｌｕ‐ｒａｙ＆ＤＶＤも発売中。２０２１年に劇場版が公開予定。

望ましい夫の役割を徹底拒否する独身男性の革命性

「結婚できない男」（2006）「まだ結婚できない男」（2019）

現代の日本を舞台にするドラマの中で、ジェンダー視点で新しいと私が感じたのは「結婚できない男」です。40代男性建築家が独身生活を謳歌するコメディです。

なぜ、その設定に惹かれるのか、不思議に思う人もいるかもしれません。私自身は女性で、子育てしながら働いている、いわゆるワーキングマザーです。最近のドラマでは、働く女性が登場する作品がたくさんあるし、家事育児との両立を描いた話題作もあるのに、と。

大きな理由は、私の内面が男性的だから、だと思います。ただし、それは日本の基準に照らすと、ということで、女性キャラクターがはっきりものを言う韓国ドラマや、自立した女性がたくさん登場する欧米ドラマを見ている時は、女性に共感することも多々あります。

◆「政治的に正しくない」タイトルと革新的な内容

「結婚できない男」の放送は２００６年で、２０１９年には続編「まだ結婚できない男」が放送されました。ジェンダー視点から気になるのは、何よりタイトルの不適切さです。このタイトルからは、未婚者に対する冷やかしや差別的な印象を受けます。本編を見てみれば、主人公はひとりの生活を楽しんでいますから「結婚しない男」という表現の方が内容を正確に映しています。

明らかに「政治的に正しくない」タイトルではありますが、本作品は既存のジェンダー規範に抵抗しつつ、それをコミカルに描いているところが面白いです。主人公の桑野《くわの》信介《しんすけ》（阿《あ》部《べ》寛《ひろし》）は一級建築士で、都内に自分の事務所を構えており、住宅設計で高い評価を得ています。桑野が設計する住宅の特徴は「キッチンを中心にする」こと。部屋の中心にキッチンのスペースを広々と確保した上で、流し台を壁際につけてしまうのではなく、アイランド型にして大きくどんと設置するのです。ある時は、顧客の予算を２００万円も上回りながら、キッチン中心の家を提案しました。これは夫婦で来店した客の妻に非常に好印象を残しています。このような提案は、桑野自身のライフスタイルが大きく影響しています。彼は都内のマンションでひとり暮らし。広々としたＬＤＫにはアイランド型のキッチンがあり、冷蔵庫は健康的な食材や青汁で常にいっぱいです。上質な牛肉を買ってきて専用の器具を使い好物のステーキを作り、冷やしたシャンパンとともに夕食を楽しむ桑野の幸せそうな様子がドラマの冒頭で描かれます。自分で好きなものを作り、料理して食べる楽しみを実感しているからこそ、桑野は住まいの中でキッチンが重要だと考え、仕事の提案にも生かしているのです。

　ただし「食べる楽しみ」を他人と分かち合いたいとは思っていないのが桑野の特徴です。彼が愛するのは、自分が好きなもので囲まれた心地よいひとりの生活です。夕食後は冷蔵庫に常備してある牛乳をグラスにつぎ、お気に入りの高級リクライニングチェアに座って、クラシックを大音量で聴きながら指揮者になった気分で両手を振る――こういう瞬間に、この上ない喜びを覚えるのです。

　料理はするけれど、他人のために「ケア労働」はしたくない。それどころか、他人と関わることすら面倒くさい。そんな桑野をドラマでは「変人」として描きます。桑野の設計事務所と協業している住宅プロデュース会社の営業担当から「家を作る仕事をしているのに、どうしてそこに住む人間に興味を持たないのか？」と尋ねられると「みかん箱を作るのに、みかんを好きである必要はない」と冷たく答えます。

桑野の顧客に対する突き放した見方は、たとえばこんな具合です。自分が作った住宅を購入し、ローンを払うのはほとんどが男性です。彼らは、妻子を養い、多額の借金を背負って朝から晩まで働きます。せっかく買った家に帰るのは家族が寝静まった夜中。一体、何のための人生なのか。客を馬鹿にしているような見方ですが、真実を突いています。

◆日本でジェンダー規範からの解放を目指すと「変人」になる

「男性が外で働き家族を養うべき」という考えを前提とすれば、「結婚」が男性にもたらすのは、束縛に他ならない。桑野はそれを見抜いており、「結婚なんてメリットがない」と公言してはばかりません。急病に罹った時や誕生日には、ひとりだと寂しいし不便ですが、元気に日常を暮らしている間は、ひとりでまったく問題はないからです。

自由に生きる桑野と対照的に「束縛される男性」の代表格として描かれるのが、桑野の義理の弟です。彼は中規模の総合病院の副院長で跡取り息子、桑野の妹との間に娘がひとりいます。「ホステスにモテた」ことを喜ぶような分かりやすい中年男性で、接待半分遊び半分で連日、飲み歩いています。そんな夫の行動を牽制するためか、妻は毎晩決まった時間に娘の写真とメッセージを送って帰宅を促します。

未就学児のひとり娘を猫可愛がりしつつ「お前が大きくなったら、病院の跡継ぎになりたい男がいーっぱい寄ってくるからね」と話しかける様子は、昭和の価値観そのもの。愛する娘本人が医師になって病院を継承する可能性は、ひとかけらも持っていない様子です。その言動に悪気はゼロ。こういう人が「無意識のジェンダー・バイアス」を拡散するのでしょう。

ところで続編の「まだ結婚できない男」では、13年後、依然として独身で建築士を続けている桑野の日常が描かれます。桑野の姪・ゆみは高校生になっています。ある日、妹夫婦から相談を受けた桑野は、ゆみがメイドカフェでアルバイトしている現場を突き止めます。理由を聞くと、ゆみはアメリカに留学して経済学を勉強したい、という希望を持っており、資金を貯めるために高時給のメイドカフェで働いていたことが分かります。

医者と結婚して病院を継いでほしい、と折に触れてプレッシャーをかけてくる両親には言えないけれど、「変人のおじさん」である桑野には正直にやりたいことを話せた、ゆみの心情はよく分かります。桑野から事情を聞いたゆみの父は、娘が結婚して病院を継ぐことを「そうなったらいいいな」と思っていただけで「押し付けてはいない」と言います。

親は子どもの幸せを願っています。あくまでも子どもの将来のために、良かれと思って話しても、ジェンダー役割を押し付けたり、子どもを追い詰めたりすることがあるかもしれません。子どもは子どもで親の気持ちを察して遠慮してしまい、自分が本当にやりたいことを言い出せない。そんなことは、日本中でたくさん起きていそうです。

そんな時、桑野のように既存の価値観から解放された大人が近くにいたら、子どもは本音を言えるかもしれません。ここで面白いのは、桑野が決して子ども好きではないことです。偶然居合わせた赤ちゃんに笑顔を向けることすらできず、怖がらせて泣かせてしまうような不器用な人、それが桑野です。姪のゆみに対しても、必要以上に近づかず「理解のある叔父」を演じるわけでもなく、事情を聞いたらさっと帰っていく距離感が良いと思いました。

仕事で参加した立食パーティーで、桑野がパスタの定義を巡りうっとうしい蘊蓄《うんちく》を披露して、面倒がられて人が離れていくシーンもあります。一緒にもんじゃ焼きを食べに行くと、混ぜ方や作り方に独自の強いこだわりを見せ、同席者をうんざりさせます。

決して、友達になりたいタイプではない桑野が、だからこそ、多くの人を縛っている「男はこうあるべき」「女はこうあるべき」というルールから自由である、というのは興味深いです。今の日本社会には、職場、家庭、学校、地域にジェンダーに基づく決めつけが根付いています。あまりにも、あらゆるところに染みついている慣習やルールから自由になろうとしたら、現代日本社会においては「変な人」とみなされることを覚悟しなくてはいけないのかもしれません。

折しも2021年3月、東京オリンピック・パラリンピック競技大会組織委員会の森喜朗会長が、女性が多い会議は長引くとか、わきまえた女性たちについて発言して批判され、辞任に至りました。Twitterではハッシュタグ「#わきまえない女」を使って意思表示する人がたくさんいました。

この流れで言えば、桑野信介は、まさに「#わきまえない男」です。嫌なこと、不快なことは口に出し、事実関係の間違いは忖度せずに指摘します。相手が見込み客でも遠慮はしません。性別も家族構成も違いますが、私が桑野の言動に苦笑しつつ共感するのは、彼が自分に正直に、社会から期待される「頼りがいがある夫役割」を徹底的に拒否して生きているからです。

女性の完全な解放は、男性の解放なくして実現しないと私は思います。その意味で、頼りがいや優しさといった、異性愛女性が求める要素を「そんなものは、俺はいらない」と捨て去っている桑野的な人物に、かなり本質的なジェンダー革命の萌芽を見るのです。

◆ステレオタイプから外れた人間を「変人」として描かないドラマに

独身キャリア男性の桑野と対比されるのが、専門職のキャリア女性たちです。「結婚できない男」には医師や住宅プロデュース会社の営業職、「まだ結婚できない男」には弁護士の女性が登場します。リアリティを感じたシーンは多々ありました。たとえば、医師が仕事を終えて中華料理店に入り、ラーメンとビールを注文してひとりで幸せそうに食べる風景。この医師がひとりで漫画喫茶に行くシーンも、分かるなあ、と思いました。

私は今、家族と同居していますが、休日の朝、子どもが起きる前に散歩に出かけ、公園で読書をすると心が落ち着きます。また、ひとりで食事をする時は、中華料理店や蕎麦店によく行きます。周囲は地味な服装のひとり客ばかりです。

話を盛り上げるためか、ドラマでは桑野を含む独身者が「結婚していないこと」を批判したりいじったりするシーンが頻出します。桑野の変人ぶりを部下や取引先が揶揄したり陰口を言ったりした上で、「だから結婚できない」と述べる場面が多すぎるのは、独身差別であり、今の時代には合いません。

また、物語で重要な役割を果たす女性医師や女性弁護士が独身であることについて、桑野自身が嫌味や意地悪を言うシーンも多発しています。ドラマ全体を通じて「すべての人が結婚すべき」という価値観が強く出すぎているところや、自己主張をはっきりする人を「変人扱い」して馬鹿にしてよい、と言わんばかりの表現が浸透しているところは、笑えない、と思いました。

そもそも、現代の日本社会ではシングルが生き方のひとつとして広がっている現実があり、50歳まで一度も結婚したことがない人の割合「生涯未婚率」は男性では約４人に１人、女性では約７人に１人です。「結婚しないこと」が珍しくない社会状況を踏まえると「皆が結婚すべき」という価値観は、そもそも古いです。また、個人の意思で決めればいいことを「すべき」と押し付けるのは差別につながります。

せっかく「結婚も大黒柱役割も引き受ける気がまったくない男性」という新しい人物像を構築したこのドラマで、もし、パート３を作ることがあるなら、その時は違う趣向にトライしてみてほしいと思います。たとえば「やっぱり結婚しない男」とした上で、桑野のような価値観を持ち、彼ほど嫌味ではない人を複数登場させる。加えて、キャリア女性が主夫と結婚するとか、同棲するけれど籍は入れないパターンがあってもいいはずです。さらに、ＤＩＮＫｓを続ける予定だった夫婦が里親になる選択肢だって、ありそうです。

現実を見れば、私の周りにも読者の方の周りにも、人生を楽しんでいるシングルはたくさんいます。結婚して離婚した人も少なくありません。中には再婚した人もいますし、もう結婚はしたくない、という人もいます。彼・彼女たちのリアリティをよく見てフィクションに昇華していくと、実は桑野が主流化しつつある、現代日本のライフスタイルを描いた大人向けのドラマを作れる気がします。

その頃には、今、家庭を持っている人も、もしかしたらシングルに戻っているかもしれません。単身世帯の増加を見据え、ステレオタイプから自由な男女を描くドラマが増えることを期待しています。

「結婚できない男」（2006年）**「まだ結婚できない男」**（2019年、ともに関西テレビ系列）
出演：阿部寛、塚本高史他。Amazon prime video、Hulu などで配信中。

女性差別の壁をファッションで打破！

「カーネーション」（2011）

「カーネーション」はNHK連続テレビ小説、通称・朝ドラの定番である女の一代記ものです。ヒロイン小《お》原《はら》糸《いと》子《こ》（尾《お》野《の》真《ま》千《ち》子《こ》）のモデルは、実在した大正生まれのファッションデザイナーで洋装店経営者、小《こ》篠《しの》綾《あや》子《こ》。綾子の娘は3人とも（コシノヒロコ、コシノジュンコ、コシノミチコ）世界的なデザイナーとして活躍しています。

主な舞台は大正から昭和、つまり明治憲法の時代。「カーネーション」は、制度化された女性差別の壁を意思と努力で打ち破ったスーパーウーマンかつ、戦争未亡人の物語です。

初回から、男尊女卑の理不尽を少女の視点で描きます。糸子の幼少期、大正時代には女性に参政権も財産権もなく、同世代の男の子からは「女のくせに」とけなされるのが日常茶飯事でした。学校では、先生が「女は結婚するのが幸せだ」と教えます。呉服屋を営む父のお遣いで代金回収を手伝い、立派な成果を上げても「女の子だから」後は継げないと言われてしまいます。極めつけは、大好きな地元岸和田の「だんじり祭り」で山車《だし》を引きたい、と言った時に「女の子はダメ」と却下されるシーンです。

この環境でも明るく真っすぐにやりたいことを主張する子ども時代の糸子（二宮《にのみや》星《あかり》）は、強くて可愛いです。頬をふくらませ、目をきらきらさせて、画面から飛び出してきそうな勢いで話したり走ったりする彼女を見た瞬間、私はこのドラマに釘付けになりました。

ある日、糸子は、神戸にある母方の祖父母宅を訪れた際、外国人が集まってダンスパーティーを開いている洋館をのぞきます。着物とはまったく違う美しい服に心を奪われた糸子は、それが「どれむ（ドレス）」だと知り、帰宅して画用紙に「どれむ」の絵を描きます。一生を捧げる仕事が見つかった瞬間でした。

糸子の元気は画面を通じて視聴者に伝わってきます。けれども皆が着物を着ている時代、しかも制度化された男尊女卑がある中で、糸子の進路選択は容易ではありません。女学校を辞めて洋裁の勉強をしたい、と言うと父親に張り飛ばされてしまいます。糸子の父は、現代なら児童虐待で通報されるような行為を毎日のようにやっています。こういう親は当時、たくさんいたでしょうし、今も少なからずいるでしょう。

◆ファッションを通じた女性のエンパワーメント

糸子の選んだ職業は、オーダーメードの洋裁屋さんでした。彼女が70年にわたり続けた仕事を今日の視点でとらえたら「ファッションを通じた女性のエンパワーメント」になるでしょう。糸子は、女性の目標が「良妻賢母」に限定されていた時代、自分に合った洋服を着て自己表現することを女性たちに教えました。そして、晩年は高齢期や病気を抱えた女性たちに、美しく装うことで自尊心を回復させたのです。

洋装店の開業初期に訪れた数名の女性客と糸子のやり取りが印象的です。ある女性は、これまで「自分には洋服は似合わない」と思っていました。ところが、糸子が彼女の身体にぴったり合った洋服を作ってあげると、別人のように素敵に見えて、客も笑顔を見せるのです。

こんな風に、昭和の初期、糸子に洋服を作ってもらった女性たちは、今までと違う美しさに気づき、自分に自信を持って歩きだします。新しい服を身につけた時の女性たちの戸惑い、道を歩いて人々から賞賛のまなざしを向けられた時の恥ずかしくも誇らしい気持ちを映すシーンには胸を打たれます。

糸子はある意味で魔法使いでした。それは、この後に起きる戦争、終戦と新憲法により法制化される男女平等の時代を先取りして、ファッションの力で女性たちを励ます魔法だったのです。自分らしく生きて、胸を張って歩いて、あなたは美しい、と後押ししたのが糸子の作った服たちでした。

つまり、糸子が作った洋服は、政治や社会の変化を先取りしていたのです。約70年後、晩年の糸子は、自分が「服の力」を信じている、と話します。キャリアの初期に、糸子が出会った客たちの笑顔がその力に気づかせてくれたからです。

着物が主流の時代に糸子が生み出した大きなもののひとつが、百貨店の洋装制服でした。糸子が作った制服を着てテキパキと働く女性たちを映すシーンから、働く女性たちの誇りを感じます。

糸子が優れていたのは、専門職であるデザイナー、洋服職人としての側面に加えて、経営者として未来を見通す力を持っていたことです。短期的には資金調達や販売、後継者問題で苦労することもありましたが、半世紀以上にわたり、大きく変化する時代を読み、事業を継続させてきました。時代や業界は違っても、ずっと働き続けたい、と願う女性たちにとって、このドラマは参考になるエピソードに事欠きません。

例えば第二次世界大戦後は、物資不足の中で水玉模様の布を入手してワンピースを作ったら、飛ぶように売れました。新しい平和な時代が来たことを感じ、以前とは違うおしゃれをしたい、と願う多くの女性の気持ちを糸子が的確にとらえたためです。

数十年後には、高齢女性向けの洋服開発でヒットを飛ばします。おしゃれをしたいけれど年齢や体型変化で諦めている人が多いと知っていた糸子は「サイズを測られるのが嫌なのだ」という顧客が決して口に出さない本音を読み取り、独自の方法で高齢女性向け高級服という新しい市場を開拓するのです。

◆服の力を通じた奇跡は社会をも変えていく

そんな糸子の人生の総決算は、晩年に手掛けた病院でのファッションショーです。目的は収益ではなく社会貢献で、糸子自身の通院先から依頼された企画でした。出演するモデルを看護師など医療提供者と患者から募り、彼女たちに糸子が個々人のためにデザインした服を着せ、ショーを開きました。

中でも私の心に響いたのは、末期がん患者の女性をモデルとして起用するくだりです。この時、糸子は88歳。もう長い間、膝などの痛みを抱えながら日常生活を送っており、自宅で転んで骨折し、しばらく寝たきりになったこともあります。平均寿命を超えた年齢で、働き続けている自分は、それだけで人を勇気づけることができる、と糸子は言います。

　モデルを務める女性患者には小さな子どもがふたりおり、余命宣告を受けています。母が弱っていく姿を見る子どもたちが可哀想だ、と泣く彼女に、糸子は「あなたは奇跡を見せなさい」と話します。末期がんの患者の笑顔は、人の心に奇跡を起こす、と言うのです。

　このシーンを、私は仕事のことを忘れて見入ってしまいました。前年に亡くなった知人のことを思い出したからです。ここから少し、彼女の話をさせて下さい。

　２０１８年終わりから翌年６月にかけて、G20に女性政策を提言するため、W20というグループが作られ、この友人を中心に様々な分野の女性たちが集まりました。私もその一員として参加し、国際会議の準備や多国間協議が困難を極める中、常に明るく愚痴を一切言わない彼女の様子に感銘を受けました。一度ふたりで食事をした時に尋ねたことがあります。

「どうして、他人の文句を言わないんですか。理不尽なことがたくさんあるのに」。すると彼女はこう言いました。

「私はシングルマザーでしょ。どうしても仕事に行かなきゃいけない時、娘が抱きついて、火がついたように泣くわけ。あの辛さに比べたら、他のことは何でもないって思えるのよ。それに娘だっていつまでも5歳じゃないから、いつの間にか泣かなくなる。他のことは本当に何とかなるのよ」

彼女の名前は吉《よし》田《だ》晴《はる》乃《の》さんと言います。欧州企業の日本法人トップや経団連初の女性役員を務め、成人した娘さんがいるシングルマザーでもありました。結婚後北米大陸に渡り、現地で再就職、通信系の企業でキャリアを築きました。

吉田さんはいつもおしゃれでした。高いピンヒールを履き、シャネルなどのハイブランドの服を堂々と着こなしていました。会議、ランチミーティング、夜の会食、時には顧客に謝罪に行くなど、様々なシーンに合わせて替えられるように、ジャケットやアクセサリーをオフィスに置いていたそうです。完璧なファッションに身を包んでいた吉田さんは、女性性を楽しみながら、男性優位のビジネスの世界で優雅に、確実に壁を突破していました。

洋服を通じた女性のエンパワーメントをテーマにしたドラマ「カーネーション」を見ていて、吉田さんのことをしばしば思い出しました。私たちは皆、いずれ死にます。自分が死んだ後にも残したいと思うものは、それほど多くないでしょう。

糸子は「服の力を通じた奇跡」を残しました。いつも周囲の空間まで意識した完璧なファッションに身を包んだ吉田さんは「女性と経済」が重要テーマだということを、経済界の重鎮に知らしめました。２０２０年11月、経団連会長が「２０３０年までに役員女性比率を30%にする」と発表したのを聞いた時、これは吉田さんの置き土産だと思いました。

◆女性のエンパワーのために男性をディスる必要はない

話をドラマに戻しましょう。

糸子という稀有な女性の活躍を描くこのドラマのもうひとつの特徴は、男性キャラクターの多様性です。登場する多くの男性が善人であり、活躍する女性を様々な形で支えるのです。最初のうちは、しばしば糸子の父親に腹が立つことがありました。女学校を辞めて、ミシンを覚えるためにパッチ（男性用下着）屋で働きたい、と言う糸子を張り飛ばした父親は、今なら「児童虐待」とか「毒父」と言われることでしょう。

でも、彼はいざという時は糸子の味方になりました。たとえば、自らが営む呉服店の商品をすべて売り払い、糸子のためにミシンを買ってくれました。これを機に、糸子は自宅で洋服作りの仕事ができるようになります。また、岸和田に短期滞在していた東京出身の洋裁の先生に、糸子に洋服作りを教えてほしいと頼み込むシーンも印象的です。なんと、喫茶店で土下座したのです。

日常生活では横暴ですが、本当に必要な時は自分が持っているもの――大事な店の在庫や男の意地――を惜しげもなく差し出し、娘のためにできる限りのことをする、糸子の父は本質的には善人と言えると思います。

糸子の夫、勝は紳士服の職人です。糸子が切り盛りするオハラ洋装店の２階を仕事場にして、妻の実家で生活します。常に穏やかな笑顔で、妻の仕事にも協力的です。仕事人間の糸子は結婚式の日も夜遅くまでミシン作業を続けて祝いの席に遅れた上、持参する予定の花嫁衣裳を家に忘れてしまいます。かなり非常識な糸子の行動を、勝が咎めることはありません。

こんな男性は、約80年後の現代でも、そう多くはいないでしょう。まして糸子が結婚生活を送った１９３０～１９４０年代は、先に述べたように女性に参政権も財産権もなく、父親が見せた暴言暴力は社会的に許容されていました。そんな時代に妻の仕事をサポートする夫の存在がいかに貴重だったか、容易に想像できるでしょう。太平洋戦争で出征して戦死してしまいますが、糸子の心に残る勝は「いつも上機嫌」で「嵩《かさ》高くない」人でした。

経営者・糸子にとって、地元同業者との付き合いは大切でした。初めて足を踏み入れた泉州繊維商業組合の宴会で女性は糸子ひとりだけ。最初は居心地悪さを感じつつも、前向きかつしっかりした性格で人脈を築いていきます。糸子の能力とやる気を認め、様々な情報を提供して支える、高齢男性である組合長の姿も印象に残りました。

現代でも起業家は男性が主体で、情報や資金調達、取引先開拓において密な関係の中で事業を発展させており、そこに女性が入っていくことに課題があります。今も残る女性起業家にとっての壁を思う時、この組合長が糸子を女性として特別視せず、ひとりの優秀な経営者として応援する姿勢は貴重なものだと思いました。

少女時代、糸子が憧れた近所のお兄さんも、糸子が生涯で唯一、真剣な恋をした相手も、誠実な人物として描かれています。このドラマの新しさは、糸子が元気で活躍していることだけではありません。「女性の素晴らしさ」を引き立たせるために、男性たちを必要以上に悪く描かないことです。

◆戦争加害者としての日本男性を描くすごさ

ドラマの中で唯一、男性性と加害を結び付けたのは、糸子の幼なじみの勘助《かんすけ》に関する描写です。日中戦争の初期に召集された勘助が、戦地から戻ってきた後、ＰＴＳＤと思しき症状を見せます。糸子はそんな幼なじみを元気づけようと、彼がかつて憧れていたダンスホールの踊り子と再会させます。しかし、彼女に会った瞬間、勘助は恐ろしいものを見たようにガタガタと震えだし、その場から走って逃げていくのです。

戦争とジェンダーに関する基礎知識を持つ人なら、勘助が戦地で女性に性暴力を働いたか、従軍慰安婦を相手にしたことがあるのだろうと、想像するでしょう。だから「女」を売り物にする踊り子を見た時に、罪悪感からパニックを起こしたのだろう、と。

勘助はその後、再び召集されて戦死します。ふたりの息子を戦争で失った母親は、悲嘆に暮れながらも長男の妻とともに美容院を開き、糸子が作った白い洋装の制服を着て商売を切り盛りすることで立ち直っていきます。

勘助の母親は、晩年、病床で見たテレビで、日本軍が戦中に行ったことを知ります。「勘助はやられたと思っていたけれど、あの子がやったんやな」と言うシーンは本当に切なかったです。愛する息子が戦地で死んでしまう、親にとってはそれだけで悲劇です。日本政府との関係において息子は被害者ですが、中国大陸の人たちとの関係において、息子は加害者です。そもそも臆病だった息子は、戦争がなければ、そんなことはしなかったはずなのに。

これは昭和45年、終戦から25年後の出来事という設定です。さらに50年経った今、私たちはこうした問題を考える手がかりをいくつか持っています。

◆子どもたちへの無関心には母親として共感できない

最初に書いたように、私は少女時代の糸子の生き生きとした様子に魅せられました。はっきりものを言い、自分の価値観が明確な人が好きだからです。20歳で開業し、90歳近くまで現役で働き、時代の要請に応え続けた糸子には、尊敬と憧れの気持ちを覚えます。ああ、いいなあ、元気が出るなあ、糸子、大好き！　と思いながら見ていた中で、ひとつだけ違和感を覚えた部分がありました。

それは娘たちに対する糸子の無関心です。糸子には娘が３人います。長女と次女は母親に倣って服飾デザインを学びますが、マイペースな末っ子の聡子はテニスに夢中です。長女と次女は母親の自分と同じファッションの道に進んだためその活動に興味を持ちますが、三女に対しては、ネグレクトではないか、と思うほど関心がありません。

このように、気になる部分もありますが、全１５１話を長く感じないくらい、テーマ、脚本、演者ともに素晴らしい作品でした。ドラマ「カーネーション」が描いたのは働く女性、働く親の視点で見た日本現代史です。日本史の教科書で太字になっているのは男性の名前が多いけれども、街中にはきっと、たくさんの糸子がいたでしょう。
女は政府が音頭を取っても取らなくても、いつの時代も活躍していたのです。

「カーネーション」（2011年、日本）
脚本：渡辺あや　出演：尾野真千子、小林薫、麻生祐未、栗山千明、二宮星、夏木マリ他。全151話。
NHK連続テレビ小説第85作。NHKオンデマンドで配信中。

第四章

欧州とカナダのドラマに見る自己決定と幸せの相関

総論：幸せになるために必要な「自分の人生を自分で決める自由」

最終章となる第四章では、カナダと欧州のドラマから５本を取り上げます。欧州の作品は米独合作の「アンオーソドックス」（２０２０）とデンマークの「コペンハーゲン／首相の決断」（２０１０）、残り３本はカナダのドラマです。当然ながら、カナダとデンマーク、ドイツは言語や文化、政治体制が異なり、ひとくくりにはできません。ここでは、本書で取り上げた５本のドラマをジェンダー視点で見た時の共通点――国としてのではなく、あくまでも本書で取り上げた作品の共通点に絞って――「自己決定」というキーワードに着目します。

「アンオーソドックス」が描くのは厳しい戒律の宗教コミュニティから逃げ出すヒロインです。彼女は17歳まで学校に通った後、18歳で結婚し、翌年に妊娠します。けれども徹底した性別役割分業に基づいて女性が「産む機械」として扱われることに耐えられず、ニューヨークからドイツに逃げます。

「コペンハーゲン」では、女性国会議員が首相になることを「自ら選ぶ」ところから物語が始まります。連立政権で誰を閣僚に登用するのか、自分の指示に背いた部下を解雇するのか、家庭にどのくらい時間を割くのか。毎分のように「何かを決めること」を求められるヒロインをリアルに描いています。

「アウトブレイク―感染拡大―」（２０２０）は、パンデミック下のリーダーシップを描きます。主人公の女性科学者は、未知のウイルスの感染対策をする指揮官です。彼女はまた、感染症対策を担当する大臣の助言役でもあります。日本でも、新型コロナ対策を巡り、科学者の分析や意見を政治がいかに取り入れ、行動するのか、日々議論が続いています。誰もが満足する方法はない状況で、冷静に意思決定していくヒロインの姿は非常に頼もしいです。

「アンという名の少女」（２０１７）には、子どもたちを導き、自主性を引き出す女性教師が登場します。１２０年ほど前のカナダの農村で、生徒たちに科学的なものの見方を伝える先生は、当時の基準では型破りでした。彼女の服装は男性のようで、趣味は機械いじりです。愛する夫と死に別れ、周囲からどんなに勧められても再婚しようとしないこともあり、地域の人々にあらぬ噂を立てられています。それでも、自己の望む生き方を貫き、生徒をひとりの人間として尊重する先生の教育方針は、子どもたちの自主性や創造性を引き出していくのです。

「またの名をグレイス」（2017）は「アン〜」とほぼ同時代のカナダが舞台で、ヒロインは貧しいアイルランド移民です。教育を受ける機会を得られず、16歳で女中奉公に出されたヒロインは社会的に弱い立場に置かれます。低賃金で朝から晩まで家事をして、雇用主から性暴力に遭いかけ、腹心の友を亡くした末、殺人罪で有罪となり、30年間も服役します。時代と社会構造の囚われ人のような主人公グレイスが、現代の私たちには想像もつかない方法で自分の人生と自由を勝ち取る経緯は、ぜひ、ドラマでご覧下さい。

120年前から現代まで、時代の変化によって、女性が持つ権利は変わってきました。かつて、女性には投票権も財産権もなく、その人生は非常に制限されていました。政府による社会保障は未整備で、貧しい家庭に生まれたら教育は受けられず、親を亡くしたら虐待的な環境に置かれることが珍しくありませんでした。

現代では、女性も被参政権を持ち、高等教育を受けて国や組織のトップに就くことも可能になっています。このように社会経済的な環境要因は大きく違っても、人間の自由意志が重要であることは変わりません。生まれてすぐに両親を亡くしたアン・シャーリーは、孤児院で虐待を受けながら、想像の世界に逃げ込むことで自分を守りました。彼女の想像力は後に、育ての親や教育機会を得た後、才能を大きく開花させることにつながります。

社会の下層に生まれ、満足に教育を受けられず、一生、他人の家の家事をして過ごすしかなかったグレイスは、人々が自分のような女性――美しく、若く、貧しく、悲惨な境遇に置かれている――に期待する役割を敏感に感じ取り、望ましい社会役割を演じてみせます。社会の偏見により、無意識に「演じさせられた」ように見える部分と、彼女自身が選択して「演じた」部分が混在しており、明確な線引きができないところがドラマの見どころです。

　この2作品を見ていて思い出したのは、大学時代に読んだＪ・Ｓ・ミルの『自由論』でした。初版発行は１８５９年で、今から約１６０年前、ドラマが描くアンやグレイスの時代と重なります。同書でミルは、他人が誰かのために良かれと思ってなす決定より、本人が自分自身で行う決定の方が優れている、という趣旨のことを記していました。

　本人の選択が意思決定主体をこの世から消してしまうようなもの（例えば自殺や、腐っていて人が乗ると崩壊する吊り橋を、危険を知らずに渡ろうとするような行為）でない限りにおいて、その決定を尊重すべき、という主張は、当時19歳で自立を志向していた私の心に響きました。30年近く経った今でも、判断の拠り所にしています。

「アンという名の少女」には、主人公を含め、多くの自分で意思決定する人々が登場します。アンの育ての親であるマリラは、当時、主流だった「教育は女の子にとって重要ではない」

という考えを否定し、アンに思いきり学ばせ、街の学校に進ませます。常にアンを信じて支援を惜しまない、マリラの弟（原作では兄）のマシュウの行動もまた、強い意志の表れです。

マリラとマシュウの行動は、自分の人生を自分で決めることの重要性を示すお手本のように見えます。ふたりは家庭の事情で学校を途中でやめるなど、家族のために自分の人生を犠牲にしてきました。しかしながら、養子のアンに対しては、物事を押し付けることがなく、自分の人生を歩めるような手助けをして応援します。親世代のマリラとマシュウが「選択肢がなかった自分の人生」を認識しつつ、子ども世代のアンが行う選択と自己決定を全力で応援しているところが心に響きます。

人間が持ちえるチャンスは時代と環境の制約を免れません。自らを縛った制約から、次世代を解き放ち、より良い人生を歩んでほしいと願い、そのために行動する。マリラとマシュウから現代を生きる日本の視聴者が学ぶことは少なくないでしょう。私たちは、自分自身の人生を見つめ、自分が受けた不当な制約を捨て去り、若い人たちが生きやすくなる手助けをすべきだと思います。

やや飛躍した連想ですが、マリラとマシュウを見ていたら、韓国ドラマ「ＳＫＹキャッスル」に登場する、自分の人生を生きられない親たちを思い出しました。技術が発達し、法制度が人権を保障していても、自らの生き方を決められなければ、その心は他人が作ったルールに囚われたままです。大人が自らの生き方を自分の意志で選ぶことこそが、子どもや若者を尊重し支援することにつながります。

非常に厳しい宗教戒律を守る超正統派ユダヤ教のコミュニティから逃げ出すヒロインを描く「アンオーソドックス」でも、自らの生き方を決めた親世代が物語のカギを握ります。コミュニティを脱出した19歳のヒロインが向かうのはドイツ・ベルリン。幼い頃、離婚して家を出て行った母から「あなたはドイツ市民権を得られる」と渡された書類一式だけを持って海を渡ります。

今は同性パートナーと暮らし、介護士として厳しい肉体労働に従事する母は、それでも自分で自分の人生を選んだことを後悔していません。教育水準が低いため、ドイツで就ける職が限られてはいますが、中・東欧にルーツを持つユダヤ人が話すイディッシュ語を生かし、ユダヤ人の高齢者向け施設で働き経済的に自立しています。逃げてきた娘を全力で守り、追手の男たちを厳しく批判して退ける勇気ある姿が印象的です。ここでも、自己決定する大人が、若い世代の支援に重要な役割を果たしているのです。

「コペンハーゲン／首相の決断」ではデンマーク首相、「アウトブレイク―感染拡大―」ではカナダ・モントリオールの緊急衛生研究所所長がヒロインです。先に述べたように、人命がかかった重要な意思決定を淡々とこなしていく様子から、女性リーダーのありようが浮かび上がります。これらのドラマでは女性が自分の意志を持ち、それを実行に移すのは当然のこととして描かれています。彼女たちが仕事と私生活において、時に辛い決断をしていく様子は、視聴者の励ましにもなることでしょう。

◆「わきまえない女」を応援する物語が伝えるもの

ここまで、少し強引ではありますが「意思決定」「自己決定」をキーワードにして、本書で取り上げた欧州とカナダのドラマを概観しました。自分で物事を決めていくと、社会が女性に対して暗黙に期待している役割と反することが出てきます。従順であるべき、教育より家の手伝いを優先すべき、結婚したら夫の仕事をサポートすべき、子どもがいたら育児を優先すべき、高い地位の男性に対してはものを申すべきではない……。

5本のドラマに登場するヒロインたちは、こうしたジェンダー規範に挑戦し、破り、無視し、時に受容したふりをして裏切ります。「自分らしく生きたい」は、近年、多くの人が求める価値観と言えるでしょう。「自分らしく」は字面では優しい印象がありますが、本気で実行したら他人との衝突は避けられません。

ジェンダー＝「男らしさ、女らしさ」から自由に生きたい、という人は近年、格段に増えたと感じます。ジェンダー関連の講演をしていると「どうしたら、ジェンダーに囚われず生きられますか？」と尋ねられることも増えました。私の答えはいつも同じです。

　他人との間に波風を立たせずに生きていくことと、自分らしく生きていくこと、どちらを優先しますか？

「ジェンダーに囚われず生きること」を実践するなら、自身を縛るものを捨てる覚悟が必要です。可愛い女の子、良き妻、完璧な母、常に笑顔の働く女性、頼りになる上司、たくさん稼ぐ頼りがいのある夫……。他人にとって都合のいい女性像や男性像を無理に演じるのを、やめるしかありません。

本書で繰り返し記してきた通り、日本のジェンダー問題は、企業の経営や人材マネジメント、家庭や地域に残る男尊女卑文化や無意識バイアスなど、社会構造に起因するものがほとんどです。社会の仕組みを変える責任が、政治家や企業経営者、教育関係者にあることは言うまでもありません。

それに加えて、個人も変わる必要があります。未成年なら仕方ないとしても、ある年齢以上の大人になったら、誰かが社会を変えてくれるのを待っている「お任せ」の姿勢ではいけません。日本よりジェンダー格差が小さい国々では、どこでも、女性たち自身が立ち上がり、声を上げて、法制度や社会の慣習を変えてきました。現状に問題を感じるなら、まず、自分の意見を表明する必要があります。

「そんなことをしたら周囲から何かを言われるか……」という忖度を、あなた自身が捨てることからしか、本当の解放はありません。これらのドラマの主人公たちに少し勇気をもらったなら、あなたを縛っている現実に対して、ぜひノーを言ってみて下さい。まず、世界が少し違って見えてきます。そして、「実は、私も同じことを考えていた」と言う人が出てくるはずです。

「アウトブレイク―感染拡大―」（２０２０）

「アウトブレイク―感染拡大―」はカナダ第二の都市モントリオールを舞台に、原因不明の呼吸器系感染症の発生と拡大、科学者や医師、政治家の対応を描くシリアスなドラマです。

カナダで放送が始まったのは２０２０年１月７日、つまり、現実に新型コロナウイルス感染症が世界的に流行拡大する直前でした。そのため、放送後すぐに「新型コロナを予言していた」と話題になり、視聴率35％を超える大ヒットとなりました。

感染症が引き起こすデマや差別などの社会問題もリアルに描かれます。ドラマで流行するのも「新型コロナウイルス」であり「ＣｏＶＡ（コヴァ）」と呼ばれます。潜伏期間が最大10日と長く、致死率25～30％で回復する人の方が多い上、飛沫感染するなど、現実世界で流行している新型コロナウイルス感染症と類似点が多く見られます。

主人公は緊急衛生研究所所長のアンヌ＝マリー・ルクレール博士（ジュリー・ルブレトン）。彼女を助けて情報分析をする大学院生や救急医、ワクチン開発の責任者など、未知のウイルス封じ込めにおいてリーダーシップを発揮するのは、全員女性です。公衆衛生、政策立案、戦略的広報における彼女たちの協力と活躍を通じ、ジェンダー視点を危機管理に生かすお手本のようなドラマです。

◆現実とリンクする格差社会と差別の構造

本題に入る前に、大きな構造を把握しておきましょう。パンデミックや自然災害など社会に大きなインパクトを与える出来事は、平時からある社会課題を露わにします。たとえば日本では、雇用が不安定な人、リモートワークができない人、低賃金の人など、もともと脆弱だった人々の生活を新型コロナが直撃しました。

医療の観点では、高齢者や基礎疾患がある人のリスクが高いですが、自粛生活が家計や暮らしに与える影響は、収入、働き方、家族内暴力の有無などにより大きな差があります。ウイルス自体は無差別に人を襲いますが、富裕層ほど収入への影響が少ない上に感染予防の策を取りやすく、格差がさらに深刻になるのです。

ドラマ「アウトブレイク」で最初に見つかった死者はイヌイットのホームレスでした。イヌイットはカナダ北部やグリーンランドなどに住む先住民族です。社会的な偏見から、当初、この病気は「イヌイット・ウイルス」により起きるというデマが広がります。現実の世界でも、新型コロナウイルスの感染が世界に拡大する中で、トランプ前米大統領が「チャイニーズ・ウイルス」と呼び、中国系やアジア系に対する差別、ヘイトスピーチ、暴力が起きていることを想起します。

また、差別心が院内感染を引き起こすメカニズムも可視化されています。ひとりの医療従事者が診察を受けに来た患者に対して、人種的偏見から適切な対処をしなかったことで、感染のさらなる拡大を招くシーンがあります。平時なら個人の内心の問題で留まる偏見が、非常時には大きな犠牲につながってしまうのです。

対策会議では、発言権の強い男性の公安大臣や広報コンサルタントが、専門家の意見を聞かずに独断と偏見に基づいて物事を進めてしまう場面が何度も出てきます。企業や官公庁などの組織には、彼らのような自信過剰で身勝手な意思決定者は少なからずいます。そういった組織が、危機発生時に間違った方向に進んでしまう可能性は低くないでしょう。

ドラマで描かれる感染症の原因は、小動物のフェレットでした。販売していたペットショップが税金逃れのために売り上げを申告しておらず、取引を隠していたことが、病気の原因特定を遅らせます。また、仕事でマスクを入手した人が盗んで転売したり、市街地に住む人が郊外へ逃げ、訪れた先で差別を受けて喧嘩になったり、ネットで購入した偽薬を自己注射した人が死亡したり、社会的混乱が拡大していく様子はフィクションとは思えません。

未知の感染症はそれだけで怖いものですが、デマに踊らされ、差別心から不適切な行動を取るなど、被害を増幅させる社会的な問題も描かれており、まるで報道番組を見ているようなリアリティがあります。

◆立ち向かう女性たちの強さとプロフェッショナリズム

では、本書のテーマであるジェンダー視点からこのドラマを見てみましょう。前述の通り、公衆衛生上の危機に立ち向かう主人公アンヌ＝マリーは博士号を持つ科学者で、緊急衛生研究所の所長です。彼女は内科医の夫との間に10代の娘がひとりいます。最初の死亡者が見つかった時から、感染拡大の危機、収束に向かう終盤に至るまで、アンヌ＝マリーのふるまいには一貫して冷静なプロフェッショナリズムを感じます。

　彼女を補佐し情報分析にあたるネッツリは生化学を学ぶ博士課程の学生で、専門知識が豊富です。ネッツリはイヌイットであり、彼女のいとこは新型ウイルスによる最初の死者になってしまった前出のホームレスでした。アンヌ＝マリーがネッツリの能力を信頼してふたりがチームになっていく様子は印象的です。前例のない課題に取り組むチームには多様性が重要だという組織マネジメントの基本がさりげなく伝わってくるからです。

　このシーンを見ていて思い出したのは、かつてアメリカで参加した、軍隊における多様性に関するパネルディスカッションです。アメリカやノルウェーの男女軍人が登壇していました。特に印象に残ったのは、アフガニスタンで現地女性から聞き取り調査をする際、女性軍人が活躍したエピソードです。現地女性は宗教上の理由から男性軍人とは話ができないため、女性軍人が必要不可欠だったそうです。

　人事を担当する米軍の男性は、軍が必要とする能力を持つ人員を男性だけで埋めることはできないから、優秀な女性を歓迎している、と話してくれました。「アウトブレイク」で未知の感染症に立ち向かう研究者たちの切迫感は、まさに戦地のそれと通じるものでしょうから、能力のある人を人種、性別にかかわらず活用する必要があるのです。

また、ワクチン開発をしている製薬会社の要職に就くのも女性でした。彼女はアンヌ＝マリーと学生時代からの友人です。ここで描かれるのは温かな友情ではなく、専門性とプロフェッショナリズムに裏付けられた、冷たくも見える静かな信頼関係です。

物語の終盤、科学者としての倫理観を法的な枠組みに優先させる主人公がアクロバティックなやり方でワクチンを入手し、人々を救っていきます。２０２１年5月現在、新型コロナウイルスのワクチンを巡る緊張感ある動きを見ていると、アンヌ＝マリーの行動は決して絵空事ではないと思えてきます。

ところで、物語の序盤で主人公の夫が同僚の女性医師と浮気している事実が判明するのが、このドラマの見どころのひとつです。私は当初「深刻なストーリーに陳腐な恋愛沙汰は勘弁してほしい……」と思ったのですが、これが予想外の展開につながっていきます。

ドラマの主題は未知のウイルスがもたらす3カ月強のパニックであり、緊張感が途切れることはありません。これまでも感染症をテーマにしたパニック映画やドラマは少なからずありましたから、物語の基本はある種の型に沿ったものです。それを踏まえた「アウトブレイク」の新しさは、主人公と主要登場人物が女性であることに加え、科学者としての倫理を恋愛感情に優先するヒロインの行動にあります。

夫に浮気された女性科学者と、夫の浮気相手である女性医師の関係を、ステレオタイプな「女同士の争い」に回収せず、プロフェッショナル同士の連帯として着地させたところに、苦みと爽やかさの混じった感覚を覚えます。

◆家族とは「血」よりも「ケア」で作られるもの

このドラマに含まれるジェンダー視点は、女性の活躍に留まりません。

パンデミック担当の公安大臣は男性で、同性のパートナーがいます。ふたりは友人の女性に代理母として子どもを出産してもらうことになっていました。この女性は離別シングルマザーで、息子をひとりで育てています。大臣のパートナーは、この子とその友人たちをまとめて遊園地に連れて行ってあげるなど、親戚のお兄さんのような関係です。

この社会は異性愛のカップルだけで作られているわけではないことを示すシーンが随所にさりげなく描かれているのは、シリアスなドラマの中でホッとしました。

現実世界でも、世界中で感染拡大防止のため「家にいること」「同居の家族以外と会うことのリスク」が喧伝されています。「家族と家にいて下さい」と言われた時、私たちがイメージするのは、どんな「家族」でしょうか。この世界で暮らしているのは夫婦と子どもで構成される、いわゆる〝標準家族〟だけではありません。血のつながりだけが親密な関係を作るわけでもありません。メインストーリーではないところで、多様な家族のありようをさりげなく見せてくれるのは、日本のドラマにはない新しさを感じます。

残念ながら、代理母はウイルスに感染して亡くなります。ともに暮らしていた息子がひとり残されると、これまで離れて暮らしていた実父が会いにやってきます。しかし、実父は海外転勤が決まっており、息子を連れて行くのを難しいと感じます。そこで、これまで息子の世話を焼いてくれていた公安大臣のパートナーである男性にこう言うのです。

「息子が母親を亡くしたのに落ち着いていられるのは、君たちがそばにいてくれるからだ。これからも、息子を頼めないだろうか」

家族とは、血のつながりだけでなく、日常生活の中で思いやり、ケアをすることで「作られるもの」であることを、男性同士の会話で明らかにしていくシーンは、ストーリーの本筋ではありませんが、個人的には重要な場面だと思います。

本書が出版される２０２１年６月中旬、日本で新型コロナウイルスのワクチン接種を受けられるのは、医療従事者、高齢者、基礎疾患がある人など一部に限定されています。２０２０年春の緊急事態宣言から１年以上経っても、飲食店の営業は時間短縮、大学などは対面授業を全面再開できていません。

ドラマ「アウトブレイク」は、最初の死者が見つかってから収束宣言まで97日、３カ月余りの期間を描きます。現実世界での新型コロナウイルスの流行は、既に１年以上も続いており、外出自粛の生活に疲れている人もいるでしょう。新しい日常生活の中で、現実を予言していたかのようなリアルなドラマを見ることは、不自由な日々を乗り切る糧《かて》になるかもしれません。

「アウトブレイク―感染拡大―」（２０２０年、カナダ）

出演：ジュリー・ルブレトン、メリッサ・デゾルモー＝プーラン他。全10話。カナダでは放送時、視聴率35・5％に達した大ヒット作。Amazon prime video、Netflixなどで配信中。

「アンという名の少女」（2017～2019）

小説『赤毛のアン』は、日本で根強い人気を誇ります。カナダ南東部のプリンス・エドワード島にある架空の村アヴォンリーを舞台に、年老いたきょうだいの住む農園に引き取られた孤児の少女アン・シャーリーの物語です。美しい農村や森、花々などを背景に、孤独なきょうだいとおしゃべりな女の子が愛情を育む素敵なお話です。

私は、このアンの物語と世界観の熱狂的なファンです。子どもの頃に村岡花子訳の新潮文庫を繰り返し読んだのに始まり、アンの大学進学、結婚、出産、子育てなどを描く続編を読みました。プリンス・エドワード島の自然や建物の写真を収録した本や、物語に登場するお菓子やキルトを再現した本も持っていますし、小学生の頃、プリンス・エドワード島に住むヘザーという女の子と「文通」したこともあります。

日本における「アン」人気を定着させたのは、なんと言ってもアニメでしょう。１９７９年1～12月に毎週日曜の夜7時30分からフジテレビ系で放送されたアニメ版「赤毛のアン」は監督を高畑勲《たかはたいさお》、場面設定と画面構成を宮崎駿《みやざきはやお》が手掛け、アンの魅力をよく表した名作です。村岡花子訳の原作小説を忠実に再現しつつ、イメージを膨らませた素晴らしい作品で、私はＤＶＤセットを持っており、繰り返し見ています。

このように、原作、派生書籍、アニメなどで知られ、根強い人気を誇る名作「赤毛のアン」の実写ドラマの最新版が「アンという名の少女」です。視覚的な要素やストーリーの主要部分で原作の世界観を忠実に再現し、主要登場人物のキャラクターを生かしつつ、現代の人権感覚を織り込んで上手にアップデートしたところが、このドラマをお勧めする理由です。

◆原作を再現した映像の美しさ

まずは、ビジュアルの要素から見ていきましょう。このドラマが素晴らしいのは、舞台となるプリンス・エドワード島やアヴォンリー村の美しい自然の描写です。島の特徴である海辺が繰り返し描かれ、光り輝く水面と水平線、背後に広がる草原の対比が見事です。アンの通学路は林の中の小道で、木々が茂る自然に囲まれています。原作に描かれる通り、学校の裏手にある小川で、生徒たちが牛乳瓶を冷やす様子も見ることができます。

アンがマシュウ、マリラのきょうだいと暮らすグリーン・ゲイブルズ（緑の切妻屋根の家）は、白い壁、木造りの床や家具で清潔に保たれ、夜はロウソクの明かりが独特の雰囲気を醸し出しています。マシュウが買ってくる「ふくらんだ袖の服」はアンの瞳によく合う緑色で素敵な刺繍《ししゅう》がしてあります。アンの親友ダイアナには、お金持ちの叔母さんがいて、島内随一の街でお城のような家に住んでいます。原作の出版は１９０８年、ドラマの中でアンが「来年は１９００年よ」と話すシーンがあり、描かれているのは１８００年代終わりでしょう。今から１２０年前のカナダ南東部農村と街の様子が見事に再現されています。

視覚と言えば登場人物の印象も大切です。主人公のアンは、赤毛で灰緑色の眼をしており、そばかすがあってやせている、と原作に書かれた通りの俳優が演じます。本人は自分を「美人ではない」と思っていますが、豊かな想像力と明るさが魅力的です。冬になるとよく被る帽子の色と目の色が合っていて、渋い色合いの服装でありながら、とても素敵なのです。

親友で黒い髪の美少女ダイアナ、無口で優しいマシュウ、マリラ、おせっかいだけど根は良い人であるリンド小母さんまで、まさに原作のイメージそのものです。そしてアンのライバルで後に恋人となるギルバート・ブライスの知的で思慮深い様子。このドラマの制作者は、資料として日本のアニメ「赤毛のアン」を見たに違いない！　と思うほど、アニメ版のファンが大満足すること間違いなしの配役です。

◆マシュウとマリラを通じて描く「血縁なき親子」の深い愛

原作でも描かれ、ドラマでも重視されているのは、マシュウとマリラが夫婦ではないものの、アンにとって最良の「両親」になっていく過程です。マシュウの愛情深さと、人間として正しい姿勢は特に、的確な脚色がなされています。「お前がいないと寂しい」「お前は賢い」と常にアンを励まし「私の娘」と呼びます。

マリラの先進性は、原作では、女の子にも教育が必要と述べるシーンでさりげなく示されますが、ドラマではよりはっきりと描かれます。例えば、ある時、学校で問題を起こしてしまったアンについて、教会に相談に行くと、牧師にこんなことを言われます。

「結婚するまで家に置いておけばいい」

この牧師には悪気がなく、原作が描かれた約１２０年前の性別役割分担に基づく価値観を素直に述べただけです。しかし、帰宅したマリラはアンに言います。

「牧師さんの話は時代遅れだわ。あなたは自分で決めなさい。そして前進するの」

「あなたは賢くて機転もきく。可能性を狭めないで。私には選択肢がなかったけれど、あなたは道を選べる」

後述するように家庭の事情で勉強も恋愛も諦めたマリラですが、彼女の教養と先見性は際立っています。あまり人付き合いをせず、きょうだいで農場と家の切り盛りを続けてきたマシュウとマリラが、実は当時のジェンダー規範――女の子は教育より結婚が大事――から自由で、アンを心から愛し、その能力と特性を伸ばしたことは、原作やアニメにも通じる物語のメインテーマです。様々な局面でアンを支えるマシュウとマリラの言動を見ていると、血縁の有無ではなく、ともに暮らし、愛情を注ぐことで人は「親子になる」のだ、という思いを新たにします。

そんなわけで、このふたりが大好きになった私は、内気なマシュウが意を決して村の演劇発表会に出演し、締めのセリフを述べた時は、涙が出そうになりました。また、ずっと家庭の主婦だったマリラが、ドラマの終盤で村の代表として政策運営に関わるようになった時は、実の親の活躍を目の当たりにしたような誇らしい気持ちになりました。マリラにお祝いの花束を贈りたい！　と思ったほどです。

◆原作にはない「子どもの人権尊重」の視点

こうして視覚的にも主要テーマにおいても原作の世界観を見事に再現した「アンという名の少女」ですが、ストーリーにはかなりの脚色があります。特に、子どもと女性の人権尊重という視点を大幅に追加しています。

アンは赤ん坊の時に両親を熱病で失い、里親の家を転々とした後、孤児院へ行きました。原作では、里親も子だくさんで大変な中、アンは子守や家事をして働いています。孤児院も子どもで満員であり、誰にも望まれなかったアンの悲しい来歴が淡々と語られています。

ドラマでは、こうした環境でアンが受けた虐待やいじめを描くことで、子どもの人権について考えさせます。

アンはたびたび、心が過去にトリップします。里親のもとでは家事作業が遅いと怒られ、突き飛ばされて戸外に放り出され、庭でお尻を何度も叩かれていました。孤児院では、読んでいた本を大人から取り上げられて破られたり、同年代の女の子たちに取り囲まれて意地悪を言われたり、死んだネズミをつきつけられ、スカートをめくられたりしていました。

マシュウとマリラに引き取られた後、日常生活や学校で嫌な思いをするたびに、アンはこうしたシーンを思い出して動きが止まってしまいます。アヴォンリー村の学校や集まりでも「孤児院出身」とか「孤児だ」と陰口をたたかれるシーンがあります。見ていて辛くなりますが、これは子どもの置かれた過酷な現実から目を逸らすな、という製作者のメッセージだと私は解釈しました。アンはおしゃべりな少女ですが、自分が受けた虐待については、ずっと誰にも語ろうとしません。それだけ心に深い傷を負っているのです。

もし、アンのように両親を失った子どもが、適切な養育家庭に出会っていなかったら、一体どうなっていたのでしょう。ドラマの終盤、自分の両親とルーツを知ろうとしたアンは、孤児院を訪れて両親に関する資料を探そうとします。その帰りに玄関で、かつて自分をいじめていた女の子が床掃除をしているところに遭遇します。数年前と変わらずアンに意地悪を言う女の子に、アンは、「ここは辛いわよね」といたわるように声をかけて去っていきます。

いじめっ子自身が辛い仕打ちを受けた被害者であることを想像したのでしょう。

ところで、このドラマが素晴らしいのは、主人公のアンだけでなく、アンを引き取って育てるマシュウとマリラの人生をも、丁寧に描いていることです。原作では「変わり者」ゆえに独身のまま年老いたと簡単に説明されるマシュウとマリラですが、ドラマでは彼らが若い頃に経験した淡い恋にも光を当てています。その詳細は、素敵なエピソードなのでぜひ、ドラマでご覧下さい。

マシュウとマリラが両想いだった相手と添い遂げず、独身を貫いた理由としてドラマでは「ヤング・ケアラー問題」を扱っています。長兄が若くして亡くなると、母親が体調を崩して寝込んでしまいます。心労で１年以上、起き上がれない母親を看病し、家事を切り盛りするため、少女だったマリラは家庭に入り、マシュウは農場の働き手となるため学校を辞めるのです。

ここで、子どもが家族の犠牲になる問題が明確に描かれています。日本でも関連報道が増えているヤング・ケアラーは、２０２０年12月21日のＮＨＫ報道によれば、18歳未満で家族の介護、世話などをしている子どもを指します。家庭内のことで子ども自身は「当たり前」と思っているので、外から分かりにくいこと、埼玉県では高校２年生を対象に調査を行った結果、25人にひとりの子どもがヤング・ケアラーであることが分かったそうです。

　マリラの場合、女の子であったため、母親だけでなく弟（原作では兄）のマシュウの世話もしていたことに触れられ、ここにはジェンダー課題が見て取れます。このように、ドラマが描く子どもを取り巻く社会課題は、決して過去の話と片づけられず、現代を生きる私たち視聴者に問題をつきつけるのです。

　子どもと言えば、特に印象に残ったのは、グリーン・ゲイブルズでマシュウの農作業や家畜の世話を手伝っているジェリーという少年です。彼は原作にも登場しますが、ドラマでは大幅に脚色されています。フランス系で貧しい家庭出身のジェリーを通じて、「子どもの格差」を描くからです。

　ドラマの始めの頃、アンがジェリーに冷たくし、八つ当たりするシーンが何度か出てきます。ここで分かるのは、アンは自分の辛い体験を、社会的文脈に位置づけることができていないことです。自分と同世代の男の子が、学校へ行かず農場で手伝いをしているのを見ても、アンには何が起きているかが分かりません。アンの人物像を単に魅力的に描くのではなく、欠点も含めて現実味をもって感じさせる描写でした。

　ある時、学校で起きた嫌な出来事についてぼやくアンに「僕は学校に行けない」とジェリーが答えます。同じ村の中で同じように農業を営んでいる家でも、孤児を養子にして育てた上、使用人を雇う余裕のあるグリーン・ゲイブルズと、実子を働かせなくては食べていけない貧しい農家があることが分かります。農作業に明け暮れるジェリーは将来を夢見ることもありません。はっとしたアンはジェリーにアルファベットを教え、その数年後にはジェリーはグリーン・ゲイブルズの玄関に座り、本を読むまでに成長していました。

ジェリーを巡るエピソードから私が読み取った示唆は、現代日本に住む海外ルーツの子どもたちと学校を巡る課題です。言語や文化が壁になり就学できていなかったり、学校に来ても授業が分からなかったり、宗教的な理由で参加できない活動があるなど、子どもと多文化共生を巡る課題は山積みです。このドラマを見た方には、ジェリーの環境は決して過去の外国の話ではないことを知ってほしいです。

◆女性の人権と性的自己決定権

子どもと女性の人権を語る際、一番大きな問題は身体と性における自己決定でしょう。「アンという名の少女」の最も現代的な要素は、思春期の子どもたちがキスなど身体的接触に関心を持ち、自分の性的指向に気づく過程を描くことです。こうした要素は原作にもアニメにも一切描かれていなかったテーマです。

10代半ばになると、アヴォンリーの子どもたちは学校で、キスごっこのようなゲームをしたり、誰が誰を好きかと噂し合ったりします。こうしたやり取りの中で、アンが里親のＤＶや性交渉を見聞きしていた事実が判明します。アンが男性器をネズミにたとえ、学校の先生と年長の女生徒の恋愛を解説してみせると、大人たちから非難されてしまいます。現代の深刻な課題である、目前ＤＶとトラウマの問題や、性教育をまったくせずに隠す規範の問題を、村社会の中で描いてみせるのです。

物語のクライマックスは、アンが村における結婚やジェンダー規範を告発するくだりです。当時のアヴォンリー村で、女の子はしばしば10代で結婚し、その際、男性側の家庭に一定の結婚資金が送られていました。妻は結婚するまで純潔でいることが求められます。結婚前に男性と身体的接触をした女性はふしだらだ、と非難されますが、男性は咎められない二重基準がはびこっています。

また、女の子は進学より結婚を優先すべし、という価値観がいくつかの家庭の出来事を通じて描かれます。例えばピアノが上手で好きなダイアナが、それを職業にするつもりはなく

「結婚後に、夫が許したら趣味として続けようと思う」と話すシーンや、アンたちと一緒に進学を希望するダイアナに、両親が花嫁学校を強要するシーンが典型的です。

　このように、女性を縛る慣習に疑問を持っていたアンは、ある日、クラスの男子が、婚約相手の身体を無理に触ろうとした出来事を知って激怒します。アンは学校新聞に問題を告発する記事を書き、それが教会で配布されると、村は大きな衝撃に包まれます。個人名は書かれていなかったものの、当事者である少女は傷ついて家に閉じこもってしまいます。

　アンの告発は、プライバシーに対する配慮が欠けていたものの、問題認識は正しいものでした。クラスメートたちは、当初、アンが起こした問題をやっかいに思いますが、ギルバートはアンの味方になり、毅然として言います。

「女の価値を決めるのは男ではない」
「自分の身体は自分のもの。そして尊重されるべきもの。私たちは自分の権利や望みについて男たちよりよく知っている」
「女性は男性がいなくても生まれた時から既に完全体だ」

アンの書いた記事を読み上げたギルバートがクラスメートに問いかけると、誰も異論をはさむことができません。

「誰のためにでも戦ったはずだ。それがアンだ」

ギルバートの短いひとことは、彼がアンの強さと正義を深く理解していることを示し、心を打たれます。

この後、村の支配層である評議員会の男性たちは学校新聞を廃刊にしようとしたり、「天候や農作物や帽子の流行」など、当たり障りのないテーマだけを扱わせようとしたり、さらに酷いことをしたりします。それに対して、先生と子どもたち、マリラやリンド夫人がいかに戦って勝っていくか、詳細は書かずにおきますから、ぜひドラマをご覧になってみて下さい。そこには、現代も続く男尊女卑という問題、言論を弾圧する権力の問題、そして子どもたちの学びの場を暴力的に奪おうとする慣習の問題が描かれています。

ドラマでアヴォンリー村の子どもたちは〝Freedom of speech is a human right（言論の自由は基本的人権）〟と声を上げます。こうした訴えは、今もなお、必要とされています。

本稿を執筆している２０２１年4月、ミャンマーでは、民主的な手続きを無視して政権を奪取した軍隊が人々の声を封じ、抗議する市民に銃を向けて殺しています。香港では、権威主義的な中国政府が人々の言論の自由を奪っています。アヴォンリーの子ども達を抑圧する村の権威的な男性たちを「古い」と笑うだけではすまない現実が、まだまだあるのです。

◆大胆な「人権アップデート」でも原作の世界観を壊さない

このドラマは人権問題の追及にあたり、カナダ本国も不問にしません。ギルバートは仕事先で出会った中南米出身のセバスチャンと親しくなり、ともにアヴォンリーで暮らします。アンの物語が描かれる30年以上前、１８６３年にはアメリカ合衆国で奴隷解放宣言が出されていますが、黒人差別は続いています。汽車に乗せてもらえないなど、黒い肌を持つセバスチャンは様々な差別に直面します。彼の父は「わきまえず、多くを欲しがった」ため、リンチに遭って殺されているのです。

加えて、カナダの先住民族に対する白人の行った残虐行為もドラマの中で言及しています。アンが親しくなったネイティブ・アメリカンの少女は、カナダ政府が開いた英語などを教える学校に行くと、同化政策により髪を切られ英語を強要され、自分たちの文化を否定的に扱われます。逃げ出してきた少女は再び白人たちに捕まり、連れ戻そうとした両親やアン、マシュウは警備の白人男性たちから、銃をつきつけられます。

国際人権NGOアムネスティ・インターナショナルによれば、カナダ憲法は3つの先住民族を規定しています。ファースト・ネーションズ（北米インディアン）、メティス（先住民とヨーロッパ人の両方を祖先とする人々）、イヌイット（北極地方の人々）で、全人口の約4％を占めています。1874年以来、カナダの先住民族の子どもたちは教会が運営する寄宿学校に強制的に入学させられ、英語とキリスト教を強要されたそうです。

ドラマが描くのは、まさにこの問題であり、カナダ政府は1970年代まで、こうした寄宿学校に補助金を交付してきました。カナダのスティーブン・ハーパー首相（当時）は2008年、同化政策が先住民族を深く傷つけてきたことを公式に謝罪しています。

ここまで紹介してきたように「アンという名の少女」は、グリーン・ゲイブルズに引き取られた孤児の少女のストーリーを大幅に脚色しています。このドラマは、女性や子ども、先住民族や黒人の尊厳と命を奪った負の歴史を正面から扱います。名作を現代人の鑑賞に堪えるものに更新するにあたり、その世界観、登場人物の個性を重視しつつ、当時の価値観では許容された諸問題から逃げなかったことが、本作品の最大の価値だと私は思います。

２０２０年、アメリカでは、構造的人種差別を訴えるＢＬＭ運動を契機に、南北戦争前後のジョージア州にあるプランテーション農場を舞台にした名作映画「風と共に去りぬ」の描写が問題視されました。奴隷制度の残酷さから目を逸らし、南部の視点のみで描いたことが一番の課題です。名作といえども、当時の法制度や社会慣習の制約を受けていることは、他の作品についても当てはまります。

原作の「赤毛のアン」は、女性に参政権がなく、女の子は進学できなくても仕方ない、という当時の価値観に基づいて描かれている上、特定の民族に対する差別的な表現もあります。「アンという名の少女」は、こうした時代に名作を再解釈する意義を具体例として示しています。原作の優れたところを生かしつつ、現代の人権感覚に即した読み直しやアップデートは、今後も増えていくはずです。ポリティカル・コレクトネスを強く意識した作りでありながら、説教くさくはなく、美しく多様な登場人物の個性と生き方を楽しんで見られる高度なエンタメなのです。

「アンという名の少女」（２０１７〜２０１９年、カナダ）
出演：エイミーベス・マクナルティ他。シーズン３まで放送。カナダＣＢＣとNetflix の共同制作。シーズン１は２０２０年にＮＨＫでも放送された。Netflix で配信中。

ユダヤ超正統派の少女の逃亡に宗教を超えて共感する理由

「アンオーソドックス」（2020）

本節で取り上げる「アンオーソドックス」は、全4話で計3時間強。連続ドラマというより長めの映画くらいの時間で視聴できます。主人公はエステル・シャピロ（シラ・ハース）、「エスティ」という愛称で呼ばれる19歳の女性です。ドラマでは、彼女が厳しい戒律の宗教共同体から逃れて海を渡り、解放を手にする経緯を描いています。

◆宗教を理由にした迫害の普遍性

エスティが生まれ育ったのはアメリカ・ニューヨークのブルックリンにあるウィリアムス・バーグと呼ばれる地区。ここには「超正統派（ウルトラ・オーソドックス）」と呼ばれるユダヤ教徒の一派が集住しています。彼・彼女たちは独特の生活様式を守り、男性は長く伸ばしたもみあげに黒いスーツと帽子、女性は肌と髪を覆うような服装をしています。

超正統派の人々は、第二次世界大戦中、ナチス・ドイツに虐殺されたユダヤ人「600万人を取り戻す」ことを目指しており、女性は早婚で多産、主人公のエスティも19歳で既に結婚し妊娠しています。学校には17歳までしか行っていません。

厳格な性別役割分業もこの宗派の特徴です。男性はユダヤ教教義の研究を一生の仕事としています。生殖は義務であり、子どもは宝である、と考えています。加えて、生理を不浄なものととらえ、妻が生理の期間、夫婦は別々に眠ります。そしてお見合い結婚の際に新郎側の女性親族が新婦候補を品定めする慣習があります。

職業選択の自由や、メディアを通じて外の世界について知る自由はありません。このような生き方は、現代民主主義国の常識に照らすと男尊女卑で自由がない社会であるように見えます。ただ、本人が望み選ぶ限りにおいて、多くの国が憲法で定める「信仰の自由」の範囲とも言えます。

歴史を振り返れば、宗教を理由に迫害されたり殺されたりした人たちは数えきれないほどいます。多くの国が、信仰の自由を憲法で保障しているのは負の歴史を踏まえ、心の自由という人間にとって最も大切なものを守るためです。それが、他の宗教を信じる人、無宗教の人から見て、たとえ少なからぬ違和感があっても、即座に非難したり、良くないと決めつけたりすることは避けるべきです。こうした考えを前提として、本稿ではエスティを縛っていた人やルールの普遍性について考えます。

◆結婚直前まで少女は膣の存在を知らない

超正統派の女性たちは、若くして結婚し、たくさん子どもを産むことを期待されています。エスティも同様で、結婚前に年長女性から性交の仕組みについて教えられますが、それは、身体の仕組みを科学的に説明するのではなく、おとぎ話めいたものでした。

「女には穴があり、そこに男が入ってくる。廊下の先に子宮がある」「夫を歓ばせると欲しいものが手に入る」。欲しいものとは、赤ちゃんを意味します。「ベッドでは男を王のように扱え」といったアドバイスもありました。こうした話を聞くまでエスティは自分の身体に膣があることを認識しておらず「穴なんてない」と言います。「私は異常かも」と不安を訴えるエスティに、教師役の年長女性はトイレで確かめてくるようにと言います。

17歳まで学校に通ったエスティですが、自らの身体については無知です。結局、夫婦ともに性体験がないまま迎えた初夜、エスティと夫のヤンキーはうまくセックスができませんでした。エスティがとても痛がり、挿入ができなかったのです。そのまま1年近くが経過する中、姑が厳しく干渉してきます。夫婦がセックスできないことは大事な息子の自尊心を傷つける、として、嫁の責任を追及するのです。夫のヤンキーも、多くの夫婦が結婚9カ月目で最初の子どもを授かる中、焦りをつのらせていきます。

女性を完全に産む機械ととらえる価値観は、多くの視聴者に異様に映るでしょう。私がこのシーンで想起したのは、韓国ドラマ「ミスティ」で、嫁の生理時期を見計らって自宅を訪れ、妊娠しやすい食材を冷蔵庫に詰めていく姑の姿でした。異なる都市、異なる文化圏にあって、女性の身体的・性的自己決定権を抑圧する社会規範には奇妙な類似性があります。

また、アメリカドラマ「ハンドメイズ・テイル」で、司令官の子どもを懐妊し出産する役割を担わされた「侍女」のことも思い出さずにいられません。「ハンドメイズ・テイル」は完全にフィクションで、「アンオーソドックス」は、実際に超正統派ユダヤ人コミュニティから逃げ出した女性の自伝に脚色を加えたドラマです。物語の設定は異なりますが、「妊娠」「出産」を女性に強要する社会の問題を、こうした作品を見比べることで読み取ることができるでしょう。

事実や科学に基づく性教育をしない問題は、決して対岸の火事ではありません。日本では小学校で男女の身体の違いや仕組みを習いますが「性交」の仕組みを教えていません。１９８０年代後半、エイズ予防への関心が高まり、教育現場でも性教育が広がりましたが、２０００年代初めに一部の政治家などが「過激な性教育」の危険を指摘し、行政がそれに引きずられる形で、性器の名称などを学校で教えることができなくなりました。

こうした経緯から、日本の性教育は欧米先進国と比べると大幅に遅れています。学校における性教育の問題については、橋本紀子ら編著『教科書にみる世界の性教育』（かもがわ出版）が非常に参考になります。オランダ、フィンランド、ドイツ、フランス、イギリス等欧州諸国、中国、韓国、日本、オーストラリアのアジア太平洋諸国の教科書を踏まえ、各国で何を教えて何を教えていないのかを記しています。

誰といつどのようにセックスするのか、子どもを持つのか持たないのか、いつ何人持つのかということは、第一章でも述べたように、性と生殖に関する健康と権利（Sexual and Reproductive Health/Rights）であり、女性の基本的人権です。１９９５年に国連が主催した第４回世界女性会議は「北京宣言」を採択し、参加政府は「女性及び男性の教育及び保健への平等なアクセス及び平等な取扱いを保障し、教育を始め女性のリプロダクティブ・ヘルスを促進する」ことを約束しています。

エスティの置かれた状態は、現代、国際的に主流となっている規範に照らして問題があることは明らかです。その後、年長女性に勧められた「膣拡張器」を試した結果、夫婦は1回だけ挿入ありのセックスに成功し、エスティは妊娠しました。

◆身ひとつの逃避行は現代日本にもある

妊娠を知って喜び、報告しようとするエスティに、母からの入れ知恵で離婚を決意した夫のヤンキーが別れを告げます。それまで、エスティは超正統派のルールに従い、我慢に我慢を重ねてきました。結婚後は、好きなピアノのレッスンを禁じられ、結婚式の後で髪をすべて剃られて悲しみ、激しい痛みを伴うセックスを大事な義務として受け入れ、実家に帰って祖母と会いたいと願っても拒否されます。姑は夫婦の生活にとことん介入してエスティの人権を無視しますし、モーセが伝えたとされる「タルムード」（ユダヤ教の口伝律法）に基づいた意見を述べた時は「女はタルムードを読むな」と言われてしまいます。

鎖につながれてはいませんが、エスティは身体的自由を奪われ、知的自由も教養を磨くすべも奪われ、あたかも囚人のような暮らしをしています。生まれてから19年間、ニューヨークから出たことがありません。ようやく子どもを授かったのに、その喜びを夫と分かち合えないことを知ると、ついに超正統派のコミュニティから脱出することを決意するのです。

知り合いのピアノ教師の助けを借りてパスポートと空港までの車を手配してもらうと、所持していた宝飾品を売って得たわずか１５００ドル（約16万円）を服の中に忍ばせ、怪しまれないように手ぶらで家を出ます。

エスティの行先はドイツの首都ベルリンでした。そこには、子どもの時、別れた母が住んでいたからです。エスティの母は彼女が３歳の頃、離婚して家を出るとベルリンに移住しました。現在は女性のパートナーと同居して、介護士として働いています。

ずっと「捨てられた」と思っていた母から、家族の事情を聞いたエスティの心に変化が生まれます。父がアルコール依存症で暴力を振るっていたこと、母は娘を育てたかったのに、超正統派コミュニティが雇った弁護士から親権を取られたこと。いずれも、これまでエスティが信じ込まされていた話とは大きく違っていました。

彼女はベルリンで出会った音楽学校に入学を希望し、世界各国から集まった同世代の友人たちとの交流を通じて、自分の人生を取り戻していきます。

ベルリンで新しい生活を始めようとしたエスティのもとに、夫とそのいとこが現れます。彼女の妊娠を知り、一緒に家族を作ろう、と申し出た夫は、超正統派男性の特徴である長いもみあげを切り落とします。そこには、自分も変わるから、夫婦としてやり直したい、という意志が表れています。夫は気が弱く、母親や慣習に流されているだけで、本質的には善人であることが伝わってくるシーンです。日本や韓国のドラマだったら、きっとここで許してあげるでしょう。

けれどエスティは「遅いわ」ときっぱり言い、夫を部屋に残してひとり、歩き去っていきます。さらに、彼女を捕まえようとする夫のいとこを振り払って突き飛ばして転ばせ、振り返らずに歩き続けます。最初は少し悲しそうですが、歩き進むうちに、泣きそうだった顔はかすかな笑顔に変わります。多様な外見の人々が行きかうベルリンの街を進んでいくエスティの心に迷いはなく、彼女は新しい人生を自分の意志で選び取っていくのです。

このラストシーンには、明確なメッセージを感じました。それは「抑圧者に同情は不要」ということです。悪気があってもなくても、夫がエスティの意志に反してピアノを辞めさせ、痛がるのを無理に性交し、彼女を歩く子宮扱いしたことは消えない事実です。そして、意志薄弱な夫は故郷にエスティを連れて帰ったら、また同じように抑圧者としてふるまうことは目に見えています。彼は母親や自分を取り巻くコミュニティからエスティを守ることはできないでしょう。

◆抑圧的なシステムから逃げる女性たちの普遍性

私はこのドラマを2回、視聴しました。最初に見た時は、現代のニューヨークに中世のような暮らしをする人たちがいることに驚き、目を奪われました。超正統派出身の人々が監修に携わり、忠実に再現されたというビジュアルに引き込まれました。この時は、独自の文化が強く印象に残り、女性に対する抑圧を含めて単純にショックを受けました。

この原稿を書くためメモを取りながら2回目に見た時は、少し印象が違っていました。超正統派の暮らしぶりの特異性より、他の文化圏と共通する部分が目についたからです。先に記したように、女性の身体的自由を宗教や慣習を理由に制限する国や地域は、現代も残っています。このドラマでも、エスティが現金とパスポート、祖母の写真とドイツ市民権を取得するための書類以外、何も持たずにベルリンに降り立つ様子は、印象的でした。今から6年前、ＤＶ被害者が身を寄せる民間シェルターを取りまとめるＮＰＯの代表に聞いた話を思い出したからです。

　１９９０年代初め、札幌に住んでいた彼女が、女性に関する政策提言をする場を作ろうとすると、全国から女性が続々と集まってきたそうです。夜行列車を乗り継いだり、黒いビニール袋に子どものおもちゃを詰めて持ってきたりする人たちは、皆、ＤＶの被害者でした。目の前で起きる暴力から逃れるため、着のみ着のままで逃げてきたという日本の女性たちと、エスティの姿は重なります。離婚準備のため、自分と子どもの荷物をこっそり運び出している人、配偶者に首を絞められて殺されそうになった人など、宗教的な要因がなくても、エスティのように追い詰められた女性たちを、私は日本で見てきました。

　この項の初めに、多くの国で憲法が信仰の自由を保障している、と書きました。私たちは、自分が信じるものを選び取る自由があります。エスティは夫に宗教を変えろとか、慣習を変えろと言うことはありません。彼がどう生きるかは彼の自由です。ただし、それがどんなに身近な人であっても、自分以外の人の決定に自分が従ったり巻き込まれたりする必要はないのです。

　ラストシーンで夫を捨て、二度と振り返らず、自分を脅しに来た相手を思い切り突き飛ばし、ひとかけらの同情も見せず歩き去るエスティを見ながら、自分の人生を選び取り、抑圧者を切り捨てる強さを持たなくては真の自立はないことを、しみじみと感じたのです。

超正統派ユダヤ人たちの服装、慣習、結婚式などは、日本の視聴者から見ると珍しいものに映ります。エスティの逃避行は、ともすると特定の文化を批判するものに見えます。しかし、特徴的なビジュアルに囚われず、構造をよく見ると、エスティの物語の普遍性が見えてきます。

このドラマで描かれているのは、どんな国や文化の中でも起こりうる、個人の尊厳を奪う慣習やルールの残酷さと、そういうものから自分を解放することの意義、そのために必要な勇気です。日本に住むあなた自身がエスティだったかもしれないし、今、エスティであるかもしれないのです。

「アンオーソドックス」（2020年、アメリカ・ドイツ合作）
出演：シラ・ハース他。原作：デボラ・フェルドマン。全4話。Netflixで配信中。

「コペンハーゲン／首相の決断」（2010）

Twitter で各国大使館のアカウントをフォローしていると、女性政治家に関する話題をしばしば目にします。フィンランドの教育大臣が産休を取った話、エストニアで女性首相が誕生し、同国では大統領も女性である、という話。アイスランドの首相も女性ですし、北欧では政治分野で活躍する女性が多いです。

本節ではデンマークのドラマ「コペンハーゲン／首相の決断」をご紹介します。本国では2010年に放送され、欧州各国で高い評価を得て多くの賞を取っています。主人公は、国会議員のビアギッテ・ニュボー・クリステンセン（シセ・バベット・クヌッセン）です。彼女は穏健党で党首を務めており、政治信条は中道左派。デンマークが既に多民族国家になっている現実を踏まえ、極端な左でも、移民排斥の右でもない、新しい政治を目指しています。

ビアギッテは経済学者の夫フィリップ・クリステンセン（ミケール・ベアクケーア）との間に学齢期の娘と息子がいる4人家族で、最近数年間は主にフィリップが家事育児を担ってきました。ビアギッテの提案で、この夫婦は5年ごとにキャリア優先・家庭優先の役割を交換するルールを決めているのです。

選挙期間中は16時間も働くビアギッテは多忙を極めており、会合を断らないと子どもとの時間を確保できません。そんなある日、現首相の金銭スキャンダルが発覚、それを暴いた野党・労働党党首も信用を失い、その煽りでビアギッテ率いる穏健党が選挙で多数の票を獲得して、連立与党をリードする立場になります。

◆「死ぬ気でつかみ取れ」と叱咤する男性の側近

期せずして首相の座に近づいたビアギッテの戸惑いと、彼女を励ます男性たちの言葉が印象に残ります。たとえばビアギッテの穏健党とは政治的主張がまったく異なる保守派の男性党首が、打ち合わせの時にこんなことを言います。

「上座に座った方がいい」

これは、連立与党のトップとして大きな力を持つビアギッテへの正当な評価であり、的確なアドバイスでした。

このシーンが伝えるのは、政治的な好みや性差を超えて、ふさわしい人物がそのポジションに就くべき、というフェアな態度です。このセリフを言うのが爽やかな笑顔のリベラル男性ではなく、昔気質の信条を持つ高齢男性というところが良いと思いました。現実に困難な仕事に取り組んだ女性なら、思わぬところで意外な人に助けられた経験があると思います。物事が本当に変わる時には、最も動きにくそうな人が動きます。「上座に座った方がいい」というわずか数秒のシーンは、そんなことを感じさせてくれるリアルな場面です。

もうひとつ、頂点に上り詰める女性をサポートする男性を描く、私が大好きなシーンがあります。この時点で、ビアギッテは首相になれる可能性はあるものの、それを追求するかどうか迷っています。直近の選挙では中小政党が乱立しており、どの政党から首相が出るとしても、他党と組んで組閣に必要な議席を確保する必要があります。そのため、各党の党首や党幹部は連日、交渉や駆け引きをしています。

そんな折、ビアギッテは元首相から協力を求められます。引き換えに国際関係の省庁を任せる、と言われて心が揺れるビアギッテを側近男性が叱咤します。この側近は、スキャンダル後の元首相が政治力を失っていることを見抜いています。そんな相手と組んで不利な条件を呑むことは「牛一頭と鶏一羽を交換するようなもの」とバッサリ切り捨てます。

ビアギッテに不利な提案を断るよう助言した後、側近は彼女の腕を取って一緒に高い塔に上ります。そしてコペンハーゲンの街を見下ろしながら、こう言うのです。

「見ろ、この国が手に入るんだ。こんなチャンスは何度も訪れない。死ぬ気でつかみ取れ。逃していいのか?」

ビアギッテが他党を取りまとめ、首相の座を狙う覚悟を決めた瞬間、風の吹きつける高い展望台には、このふたりしかいません。リーダーの孤独を感じさせるシーンで、この側近男性はたたみかけます。

「それと、ここに友はいない。誰にも情を挟むな」

ここで彼は、ビアギッテに、いわゆる「女らしい遠慮」を捨てさせます。他党の男性党首たちは、それぞれ実力があり戦略的で狡猾ですから、ビアギッテも腹を括らなければ彼らに勝てないからです。

女性政治家が多い北欧でも、一国のトップに就くことは容易ではないことがこのシーンから伝わってきます。「コペンハーゲン」は、このように女性がリーダーを避けがちだという万国共通のジェンダー課題を描きます。その上で「女性は遠慮するからリーダーに向かない」と現状を肯定せず「能力と資質がある人がリーダーを務めるべき」「それが女性だったら、遠慮がちという特質を周囲の励ましで是正すべき」という価値観が随所に表れているのです。

日本では、企業で女性管理職を登用しようとしても、女性が昇進を嫌がるという話をよく聞きます。では、男性を含む周囲の人は、能力があるのにリーダーになりたがらない女性を充分に支援しているでしょうか。

2020年3月9日の朝日新聞デジタル記事は、女性登用が進まない理由を、女性の昇進意欲が低いことなど、主に女性自身にあるとみなす企業が多いことを伝えています。同時に、複数の研究者の話から、男性の方が女性より注目される部署に配置され、やりがいのある仕事を経験していること、職場環境に幻滅した女性が昇進意欲を失っていく実態を解説しています。

「課長の打診をしたけれど断られた」「女性は昇進試験を受けない」と言う人たちは、このドラマの初回だけでも見て、ビアギッテを取り巻く男性たちから学んでほしいと思います。自分の組織では女性の意欲だけでなく周囲のサポートも足りていないことに気づくでしょう。

◆5年交代の約束で夫が家事育児を引き受ける

ビアギッテの夫フィリップは、首相の座に就くことを躊躇する妻を徹底的に応援します。いわく「欲しいなら取りに行け」「役員の座もハッタリでつかむ」「男は面接で自分を50％大きく見せる。女性は不必要なことを話し50％自分を下げてしまう」「強固な態度でのぞめ」。経済学者として大学で教鞭をとりつつ、企業経営にも携わる彼は、データと実体験に基づき、妻を説得します。

日本の視聴者が「コペンハーゲン」をジェンダー視点で見て感じるのは、フィリップの先進性でしょう。先述の通り、彼は大学教員をしながら子どもふたりのケアと家庭のことを一手に引き受けています。ビアギッテは「もし首相になったら、生活ががらっと変わってしまう」と述べ、5年交代で相手のキャリアをサポートし家事育児に責任を持つ約束を果たせなくなることを心配します。これに対しフィリップは「まったく違う」と即座に答えます。

「妻に首相になるな、という男にはなりたくない。そんなおかしなこと言えやしないよ」

このように話すフィリップは「イクメン」の数万光年先にある星のようです。家事育児を分担するどころかメインで担いながら、自身も大学で教授職に就いています。彼がこれらを「当たり前」のこととしてこなしているのを見ると、男性が家事をやるかどうかが論点になる日本のドラマや日本社会とのギャップを痛感します。

私が2006年頃にアメリカで行ったインタビュー（『稼ぐ妻・育てる夫―主婦の戦略的役割交換』という本にまとめました）でも、夫婦が役割交換をしながらお互いにキャリアを構築する例は珍しくありませんでした。ある大企業部長職の妻は、1年間、遠隔地で勤務した際、高校教師の夫が育児休業を取得して妻の赴任地についていき、ふたりの子どものケアと育児を担いました。1年後にもとの街に戻ると夫は仕事に復帰し、今度は妻が働き方を変え、ベビーシッターを雇いながら在宅勤務で仕事をしていました。

女性が仕事でリーダー役割を果たしつつ子どもを持とうとする時、主体的に家事育児を担い自らの働き方を柔軟に変えるパートナーが不可欠です。男性が家事育児をするのは当然であること。能力ある配偶者の活躍を誇りに思うのも当然であること。加えて家事育児のために自分の仕事を諦めるのではなく適切なペースで続けること。これらが「特別な男性」のやることではなく、当たり前の風景として描かれているのがこのドラマの魅力です。

「コペンハーゲン」は、ビアギッテが国会議員であることも、党首であることも所与のものとなっています。女性政治家の存在が当たり前であることと、男性が家事育児をすることが当たり前であることは、分かちがたく結び付いています。物語が進み、ビアギッテが首相に就任して多忙を極め、子どもとクリスマスの買い物にすら行けないようになると、フィリップとの関係に問題が生じてきます。ただ、それは、日本でよく議論になる「女性にとって仕事と家庭生活の両立が難しい」という問題とは次元が違います。

ビアギッテは政治家と2児の母をさほど問題なく続けてきました。彼ら夫婦が直面した壁は、夫がグローバル企業のＣＥＯにヘッドハントされた際、それを引き受けるのが難しかった、という課題でした。このドラマを見た人が「やっぱりデンマークでも、仕事と家庭の両立は難しいみたい」などと、とんちんかんな感想を持たないよう、ここは強調しておきたいところです。

描かれる問題は、両立できるかどうかではありません。繰り返しになりますが、働きながら育児をするという意味で両立はできて当然です。その上で、このドラマが描く課題は、夫婦ともに大組織や国のトップを務めることが可能か、という点なのです。もちろん、欧米先進国でも、非常に多忙で重責な配偶者を持つと、片方が仕事を辞めてサポートすることは珍しくありません。

いずれにしても、日本の会社員は働き方において、まだかなり貧しい状況だと言えるでしょう。多くの一般ビジネスパーソンが、仕事が忙しすぎるせいで家事育児ができず、主に妻が仕事を辞めなくては家庭が回らないのは、先進国と呼べる水準ではありません。

◆親よりも自分で作った家族を選ぶ徹底した個人主義

ところで、ドラマを見ていると気づくのは、ビアギッテの家が核家族であることです。彼らはビアギッテが首相に就任した後も、国会議員時代と同じ家に住んでおり、夫フィリップが食事の支度や子どもの学校生活のサポートをしています。アメリカのドラマが富裕層や政治リーダーを描く際、しばしば登場するメイドや家政婦、ベビーシッターといった外部サービスを、ビアギッテの家族は使っていないようです。

あるエピソードではビアギッテの父親が登場し、孫の相手などを買って出ます。しかし、彼が傍若無人な態度を取ること、フィリップと折り合いが良くないことなどから、数日滞在した後、娘に追い出されてしまいます。

ここに表れるのは強い個人主義です。ビアギッテにとって、最も大切なのはフィリップとその子どもたち、つまり自分の意志で作った家族です。だから、血縁があっても無神経な父親をずっと家に置いておけなかったのです。

「コペンハーゲン」は温かさと厳しさを併せ持つドラマです。ビアギッテを応援する周囲の男性たちや夫フィリップの描写からは、女性をエンパワーする温かな人間関係を感じます。一方で、セクハラ発言には正面切って「あなたに関係ないでしょ」と反論し、切って捨てるシーンもあります。

日本と比べてかなり高いレベルで男女平等を志向するデンマーク社会における価値観——

大事にするものと捨てるものの峻別《しゅんべつ》――が伝わってくる良作だと思います。家庭やキャリアにおいて女性をサポートする男性がたくさんいて、女性が能力を発揮しやすい社会であることが窺えます。同時にそれは、女性を含むすべての人にルールの順守を求めるフェアで厳しい社会でもあります。決して甘くはないことも、このドラマは伝えてくれます。

たとえば、仕事で期待される成果を上げない人、職務命令にそむいた人は男女ともに解雇されます。首相や大臣が仕事で失敗したり、失言したりすれば、メディアは容赦なく叩きます。透明性やガバナンスを重んじるため、政治家が権力を濫用したことが判明すれば、信用をなくし、職を追われます。

単に「女性首相を描いたドラマ」ではなく、私たち自身が、日本社会に浸透した甘さを正していく必要があることを考えながら見ると、一段と味わい深く楽しめる作品です。

「コペンハーゲン／首相の決断」（デンマーク、２０１０年）

出演：シセ・バベッド・クヌッセン、ミケール・ベアクケーア他。シーズン1～3、各10話。デンマークのテレビフェスティバルで主演女優賞、作品賞などを受賞。Netflixなどで配信中。

１００年前を生きる貧困少女の絶望は私たちと地続きのもの

「またの名をグレイス」

本書で最後に取り上げる「またの名をグレイス」は、「アンオーソドックス」同様、長編映画のようなドラマです。四十数分×６話と、イントロを除けば約４時間で視聴できます。原作は「ハンドメイズ・テイル」と同じく、カナダを代表する作家、マーガレット・アトウッドで、実際に起きた殺人事件をもとにした小説です。

主な舞台は１８００年代後半のカナダ、主人公はグレイス・マークスという30代の女性で、殺人事件の容疑者です。ストーリーの焦点は、グレイスが本当に殺人犯なのかどうかを問う謎解きですが、下層階級の女性が置かれた過酷な現実がドラマ全体を彩っています。同時代のカナダを舞台にしたドラマ「アンという名の少女」が、比較的豊かな農村を描いていたのと対照的と言えるでしょう。

◆下層を生きる少女が見つけた希望と絶望

まずストーリーを概観しましょう。グレイスは両親と幼いきょうだいと一緒にアイルランドからカナダに移住しました。一家は非常に貧しく、その生活は厳しいものでした。カナダ行きの船には同じような貧しい人々が詰め込まれ、風通しが悪い船室は「貧民窟《ひんみんくつ》」そのものだった、と本人が後に振り返ります。

船旅の途中で母親が病死すると、家事や小さなきょうだいたちの世話は長女・グレイスにのしかかります。船の甲板から弟や妹たちを海に突き飛ばして溺死させた方がいいのではないか、生きていてもどうせ辛い人生だから……と一瞬考えるほどに、辛く貧しい、底辺の生活です。

一家はカナダの都市トロントのあばら家に落ち着きます。大酒飲みの父から毎日叩かれ、突き飛ばされ、加えて性的虐待も受けていたと思しきグレイスは、怒りを募らせる一方、父を喜ばせたい、という矛盾した心境にありました。ある日、彼女は父親から働きに出ろ、と命じられ、市会議員の家で住み込みの女中として働くことになります。

この時、グレイスは16歳。教育はほとんど受けていない様子で、物事の判断において神や聖書にあたる信心深い少女でした。そんな彼女に初めての友達ができます。勤め先のお屋敷で同室になった女中のメアリーです。彼女はグレイスに、大酒飲みの父に取られないよう、女中として働いた給料を枕の後ろに隠しておく方法を教え、ボロボロの身なりを整えるため一緒に買い物に行ってくれます。

　このふたりがりんごの皮を使って将来の結婚相手の名前を占うシーンは、現代の女子高生と変わらないような、無邪気で微笑ましいものでした。クリスマスにはプレゼントを交換します。この時、メアリーからもらった花の刺繍がついたハンカチを、グレイスは生涯大切に持ち続けたのです。

　メアリーには恋人がいました。雇い主である市会議員の息子です。ところがメアリーが彼の子どもを身籠《みごも》ると、息子は「誰の子か分からない」と言い放った上、同じ階層の新しい恋人と遊びに出かけてしまいます。雇い主に妊娠が知られたら解雇されると恐れたメアリーは、闇医者のもとで堕胎《だたい》手術を受け、翌日、出血多量で亡くなってしまいます。

　きっと、メアリーのような女性は、世界中に大勢いたことでしょう。貧しい家庭に生まれた女性は教育を受けられず働き口は限られています。数少ない仕事である女中をすれば、雇い主やその親族から性的暴行を受けるリスクにさらされるのです。

メイドが仕事先で暴行を受ける問題は、今も世界で起きている人権侵害です。２０２１年2月24日のＡＦＰ通信の報道によれば、シンガポールで、女性の雇用主がミャンマー出身のメイドに満足な食事を与えず、殴ったり、睡眠を5時間しか与えなかったりして死亡させた事件の裁判が行われました。亡くなった時、このメイドの体重は24kgしかなかったそうです。また、同じＡＦＰ通信の２０１８年1月24日の報道によれば、フィリピンの大統領はレイプなどの被害を多数受けていることを理由に、中東でのフィリピン人メイドの就労を禁止することを示唆しています。

つまり、このドラマの中で「メアリー」として描かれる女性の悲劇は、決して過去のものではないのです。大きな経済格差と限定された就労機会のもとで、今も苦しむ人がたくさんいます。

◆社会の底辺にいたから貧しい少女は死んだ

直接の死因はともあれ、メアリーを殺したのは議員の息子だ、とグレイスが思うのも無理はないでしょう。この息子はメアリーの死をすぐに忘れてしまったばかりか、今度はグレイスに目を付けて肉体関係を迫ります。夜、寝ている彼女の部屋をノックし、鍵がかかっている扉を無理にこじ開けようとさえするのです。屋敷の主人である市会議員夫人は、メアリーの死因を知るグレイスに口止め料を払うなど、保身ばかりを考えています。

親友の死にショックを受けていたことに加え、息子から身を守ろうとしたグレイスは、別のお屋敷で女中を探していること、給料が今の1・5倍であることを知り、転職を決意します。新しい職場は人里離れた田舎にありました。大きな屋敷には独身男性のキヌア氏がひとりで住んでいます。キヌア氏は初対面の時からグレイスに優しく、女中なのに家族のように扱ってくれました。

キヌア邸で雇われているのは、男性がふたりと女性がひとりだけ。その女性ナンシーは「女中頭」という職種に似つかわしくなく、華やかなピンクのドレスでグレイスを迎えます。ナンシーは、ピアノを弾き、主人のキヌア氏と同じテーブルで食事をしており、使用人というより妻のようです。新しい職場でメアリーのような親友ができたら、と望んでいたグレイスは同僚のはずなのに主人のようにふるまうナンシーに違和感を覚えますが、性に関する知識が乏しく、当初はふたりの愛人関係に気づきません。

他の使用人や出入りの業者から、キヌア氏とナンシーの関係を聞かされたグレイスはショックを受けます。男性主人と女中の恋愛関係は、親友の悲惨な末路を思い出させたからです。様々なやり取りの末、ナンシーから解雇を言い渡されたグレイスともうひとりの男性使用人は、屋敷を出て行くことになります。ふたりがともに馬車に乗って出発した夜、キヌア邸に残されたのは、ふたつの死体、キヌア氏とナンシーのものでした。

アメリカに逃げたグレイスと男性使用人は警察に捕まり、男性使用人は裁判で有罪になり絞首刑に処されました。グレイスも有罪を宣告されますが、年が若かったことなどから、殺人への関与度合いに疑問が残り、終身刑が言い渡されるのです。

◆「したたか」であることが虐げられた者の生きる術

ドラマが描くのは事件から15年後、服役し続けているグレイスと精神科医の面談です。おとなしく手先が器用なグレイスは、独房から出されて施設長の自宅で女中時代と似た仕事をしています。グレイスを釈放すべし、と主張する人々の運動が実り、彼女の精神鑑定をするために若い男性医師が話を聴くのです。

彼に与えられた使命はグレイスの責任能力を判断すること。この聞き取りに応じ、グレイスは移民船に乗ってカナダに渡ってきた時からの悲惨な半生を語ります。美しいグレイスに心を奪われた医師が恋愛絡みの妄想に浸ってしまうこともありますが、現実には何も起こりません。医師は熱心に聞き取りをしますが、グレイスの話術に翻弄《ほんろう》され、結局、彼女が有罪か無罪かを判断する手がかりは得られないまま、去っていきます。

貧しく教育を受けていないグレイスと、品の良い紳士である医師。聞き取りのシーンでは階級差や性差が次々に浮かび上がります。印象的なのは、医師が家事の何たるかを分かっていないことを示すシーンです。

女中の朝は汚物桶の掃除から始まります。当時、トイレは野外にありましたから、夜に用を足す時は室内に置いた専用桶に溜めておきました。女中は朝、主人一家の汚物桶から中身を集めてトイレに捨てて桶を洗うのが決まった仕事でした。その後は、台所仕事、洗濯、空き時間には針仕事と、家事に終わりはありません。

このように家事全般を身分の低い女性が担う社会構造のもと、直接身体を動かして家事を担うグレイスと、彼女たちがいつの間にか片づけている家事の存在に気づきすらしない医師の間には、性と階級という大きな壁があります。グレイスの悲惨な境遇に同情し、できれば無罪の立証につながるような精神鑑定の結果を出したいと考える医師の善意は明らかです。それに加え、彼が「何も気づかない側の人間」であることが、静かな会話の中で浮かび上がります。

ただ、こうしたふたりの緊張感のある精神的な綱引きに視聴者が気づくのは、私たちが現代民主主義社会で生きており、ジェンダー視点を持つからこそです。160年前に下層階級に生まれ、教育と言えば聖書を読むくらいしか機会がなく、女性には参政権もなかった時代を生きるグレイスは違う見方をします。男性医師のことを「何も知らない可愛い人」ととらえるのです。

グレイスは自分の裁判を担当した弁護士や、精神鑑定のため話を聴きに来た医師に、彼らが喜びそうな話をします。それらは嘘ではないものの、現実の中から自分に都合がよく、相手が聴きたい要素を上手に選び取ったものでした。貧しく可哀想なアイルランド移民。父親から受けた暴力。奉公先でできた友人の不慮の死。美しいがゆえに奉公先でも精神病院でも常にあった性暴力の危険。そして教育を受けていないがゆえに無知であったこと。聖書の内容をそのまま信じる、敬虔なキリスト教徒であること。

グレイスが語り、見せる要素はいずれも、この時代の男性が持つ下層階級女性に対するステレオタイプを踏襲していました。善意に満ちた彼らの偏見を肌感覚でとらえ、望む女性像を演じることで、グレイスは生き延びることができたのです。

謎解きの要素と予想外の結末について、本稿では触れません。ラストシーンで、グレイスは自分のためにキルトを作ります。自分とメアリーとナンシーが着ていた服や大事にしていたハンカチの切れ端をキルトに縫い込み「ずっと一緒にいられる」と話すグレイスは、美しくしたたかで、ちょっと怖い存在です。

時代と社会の構造ゆえ、不当な目に遭ってきた女性はグレイスひとりではない。その女性は、グレイスだったのかもしれないし、別の誰かだったのかもしれない。生まれた時代によっては、それは私だったかもしれない。余韻の中で含意のあるタイトルに思いを馳せてしまう、上質な作品です。

「またの名をグレイス」（２０１７年、カナダ）
出演：サラ・ガドン他。原作：マーガレット・アトウッド。全６話。Netflix オリジナルシリーズ。

あとがき

好きなことを仕事にするのは楽しいものです。その仕事を友達と一緒にできると、さらに楽しくなります。

本書が生まれたきっかけは、友人に勧められて見始めた韓国ドラマに私がハマったことです。様々なドラマの感想をコロナ外出自粛の期間にFacebookに書き続けていたら「私も見ました！」というメッセージが次々に届き、彼女たちと意見交換するようになりました。その延長で仕事にも発展し、ジェンダーとドラマに関する記事を書いたり、講演で話したりするようになりました。

そんなある日、長年の友人であり、本書の担当編集者である永林あや子さんからの提案で「国内外のヒットドラマをジェンダー視点で見る」という企画が始動したのです。

永林さんと出会ったのは2014年、東京都議会で女性議員の質問に性差別的な野次が飛んだ事件がきっかけでした。少子化対策について質問した女性都議に対し「自分が産め」と言い放った男性都議に怒った市民がソーシャル署名を集めると、4日間で11万筆にも達しました。署名の発起人などを中心に、国会の近くで開いたイベントには、性別や年齢を問わず多くの人が集まりました。

私はこうしたイベントの企画に関わっており、取材に来てくれた永林さんとジェンダーにまつわる色々な話をしたのです。当時から私にとって永林さんは、メディアにおける発信を通じて女性差別をなくすため、一緒に闘う「同志」でした。

あれから７年。公職に就く人の性差別発言は今もなくなっていませんが、市民社会の反応はより速く、鋭くなっています。２０１４年に都議会で性差別発言をした都議は謝罪しただけで幕引きしました。けれど、２０２１年に女性蔑視発言をした東京オリンピック・パラリンピック大会組織委員会の森会長は、世論に押されて辞任を余儀なくされました。

本書を書きながら、この７年に起きた変化を思い出す機会が多々ありました。取り上げたドラマの中には２０００年代初めの作品が少しだけありますが、続編など含めるとほとんどは２０１５年以降のものです。特に #MeToo 運動以降、性差別に対する世論が厳しくなる中、娯楽であるドラマの中にもジェンダー平等の視点が入り、主流化されてきたことを感じます。

本書で取り上げたドラマは、商業主義（視聴率、人気など）と、芸術性（受賞記録など）に、社会的メッセージ（ジェンダー平等）とを備えたものばかりです。公人や企業広告を巡り「ジェンダー炎上」が続く今、正しさと面白さを融合させたお手本になりうる作品を見ると、コンテンツ作りに携わる人にも参考になることが多いはずです。価値観を現代的にアップデートしつつ、単なるポリコレではない娯楽性を追求することが可能だ、ということを教えてくれるドラマばかりを本書では紹介しました。

執筆にあたり、様々な方にお世話になりました。まず、大崎麻子さん、小野寺美穂さんとの意見交換で、本当にたくさんのヒントをいただきました。特に「愛の不時着」「私の名前はキム・サムスン」「椿の花咲く頃」について視聴を強く勧めてくれた大崎さんとのFacebook メッセンジャーの対話は、本書のアイデアを形にするインキュベーターの役割を果たしてくれました。また、小野寺さんからは、韓国のドラマや映画、小説、詩集など様々なコンテンツを教えていただき、その会話から多くのヒントをいただきました。ここにお礼申し上げます。

２０２０年夏に「愛の不時着」オンライントークイベントをご企画下さった Business Insider のご関係者にも感謝いたします。このイベントは、著作権肖像権に触れない形でドラマの世界観を表現した巧みな Zoom 背景の準備に始まり、綿密な構成準備、予想をはるかに上回る参加者のハンドリングなど、優秀なチームのおかげで大成功となりました。特に司会を務めて下さった西山里緒さん、企画を立ち上げて下さった浜田敬子さん、ありがとうございました。

数年にわたり堅い仕事ばかりした後、ドラマにハマって汒然自失状態だった２０２０年初め、的確な分析と解説をして下さった長年の友人である、白河桃子さんにもお礼を申し上げます。白河さんのジャニーズファン分析本を読み、エンタメが人を元気にしてくれることや、社会と良い形でつながるきっかけをくれることを学びました。

経営や政策に関する執筆がメインだった私に「愛の不時着」のレビューを書く機会をいち早く作って下さったのは「現代ビジネス」編集部の辻枝里さんでした。さらにVOGUE編集部の名古摩耶さんは「有害な男らしさなきヒーロー」に着目した記事を書く機会を作って下さいました。

女性視聴者向けの執筆がひと段落した２０２０年初夏、朝日新聞「あすを探る」で「愛の不時着」について書く機会がありました。読者の中心である「中高年男性が納得できる内容を」とハードルを課し、的確な編集と助言をして下さった大内悟史さんとの仕事から多くを学びました。

最後に、本書を作るにあたり収録すべき作品選定、参考資料の収集、ドラマの内容描写やセリフの確認、論理の流れなど、本当に丁寧に伴走して下さった永林あや子さんに深くお礼申し上げます。

本書を読み、ドラマを見たら、ぜひ、身近な人と意見交換してみて下さい。同じ作品を見ても違う感想を持ったり、自分が気づかなかった視点に気づかせてもらったり。人と話をすることで、良質なドラマは面白さが倍増するでしょう。

そして、次に自己紹介する際は「趣味はドラマ鑑賞です」と言ってみて下さい。きっと「実は、自分もドラマ好き」という人とつながるはずです。

２０１９年、台湾・アメリカ・日本の政府機関が共催し、台北で開かれた国際会議に参加した時「スパイもののドラマが好きで、金属探知機を見るとドキドキします」と話したら、アメリカやブルネイからの参加者と「私も！」「これ、面白いよ！」と話が盛り上がりました。ドラマ鑑賞は国境を超えて友達ができる楽しい趣味です。ぜひ、大きく育てていって下さい。

２０２１年5月　著者

参考文献

J・S・ミル『自由論』〈「世界の名著　第38」（中央公論社）収録〉

橋本紀子・池谷壽夫・田代美江子編著『教科書にみる世界の性教育』（かもがわ出版）

春木育美『韓国社会の現在：超少子化、貧困・孤立化、デジタル化』（中公新書）

ハ・ワン『あやうく一生懸命生きるところだった』（ダイヤモンド社）

山下英愛『女たちの韓流——韓国ドラマを読み解く』（岩波新書）

矢部万紀子『朝ドラには働く女子の本音が詰まってる』（ちくま新書）

イラスト／Ｊｏｄｙ Ａｓａｎｏ
目次・章扉デザイン／熊谷智子

治部れんげ（じぶれんげ）

1974年生まれ。'97年、一橋大学法学部卒業後、日経BP社にて経済誌記者を務める。2006～'07年、ミシガン大学フルブライト客員研究員。'14年よりフリージャーナリスト。'18年、一橋大学大学院経営学修士課程修了。メディア・経営・教育とジェンダーやダイバーシティについて執筆。現在、東京工業大学リベラルアーツ研究教育院准教授。東京大学大学院情報学環客員研究員。東京都男女平等参画審議会委員。豊島区男女共同参画推進会議会長。公益財団法人ジョイセフ理事。内閣府男女共同参画計画実行・監視専門調査会委員。著書に『「男女格差後進国」の衝撃』（小学館新書）、『炎上しない企業情報発信』（日本経済新聞出版社）、『稼ぐ妻・育てる夫』（勁草書房）等。

ジェンダーで見《み》るヒットドラマ　韓国《かんこく》、アメリカ、欧州《おうしゅう》、日本《にほん》

2021年6月30日初版1刷発行

著　者 ── 治部れんげ
発行者 ── 田邉浩司
装　幀 ── アラン・チャン
印刷所 ── 堀内印刷
製本所 ── 国宝社
発行所 ── 株式会社光文社
東京都文京区音羽1-16-6(〒112-8011)
https://www.kobunsha.com/
電　話 ── 編集部03(5395)8289　書籍販売部03(5395)8116
業務部03(5395)8125
メール ── sinsyo@kobunsha.com

ISBN 978-4-334-04545-6

1107
見るレッスン
映画史特別講義

蓮實重彦

サイレント、ドキュメンタリー、ヌーベル・バーグから現代まで120年を超える蓄積と向き合い、作品の最も優れた瞬間で刮目する方法を、シネフィル教授が初めて新書で指南。

978-4-334-04515-9

1108
コロナ対策 各国リーダーたちの通信簿

栗田路子　プラド夏樹
田口理穂　冨久岡ナヲ
片瀬ケイ
クローディアー真理
田中ティナ

世界が一様にパンデミックに包まれた中、各国首脳の言動には大きな違いが。そしてその違いはコロナ禍の行方も左右した。7人の海外在住ジャーナリストが綴るリーダーの素顔。

978-4-334-04516-6

1109
洋画家の美術史

ナカムラクニオ

あちこちの美術館や切手で見たことはあっても、実はよくは知らない「洋画」の世界。画家たちの波瀾万丈な一生を追いながら、作品と近代美術史の流れをわかりやすく解説する。

978-4-334-04517-3

1110
相続地獄
残った家族が困らない終活入門

森永卓郎

ある日突然ふりかかり、一歩間違えると泥沼にはまる相続問題。自身の経験をもとに、今日からできる森永流・生前整理術を伝授する新時代の「相続の教科書」。

978-4-334-04518-0

1111
がんを瞬時に破壊する
光免疫療法
身体にやさしい新治療が医療を変える

小林久隆

新しいがんの治療法が世界で注目を集めている。どのような治療法なのか？　身体への負担や副作用は？　転移・再発の可能性は？　アメリカ国立衛生研究所の日本人開発者が初めて綴る。

978-4-334-04519-7

1112
誤読のイタリア
ディエゴ・マルティーナ

イタリア文化を見つめる旅は、日本文化を再発見する旅だ。夏目漱石など日本文学を愛するイタリア人が、文化の「誤読」と「正読」についてユーモアを交えて綴った心温まるエッセイ。

978-4-334-04520-3

1113
平成・令和 学生たちの社会運動
SEALDs、民青、過激派、独自グループ
小林哲夫

２０１０年代、学生による社会運動はどのように繰り広げられたか？ かつての学生運動と何が違うのか？ ＳＥＡＬＤｓから過激派まで長期にわたる徹底取材による闘いの記録。

978-4-334-04521-0

1114
いつまでも親がいる
超長寿時代の新・親子論
島田裕巳

人生１００年時代を迎え、私たちは「いつまでも親がいる社会」を生きるようになった。そこで新たに生じる親子関係の課題とは？「永遠のテーマ」を捉え直す、著者初の親子論！

978-4-334-04522-7

1115
死ぬまで噛んで食べる
誤嚥性肺炎を防ぐ12の鉄則
五島朋幸

誤嚥性肺炎の原因は唾液だった！ 大切なのは「歯と歯が噛み合うこと」。訪問歯科のカリスマが口腔ケアの正しい知識を解説。口から食べることを諦めないことが、元気に繋がる！

978-4-334-04523-4

1116
日本のスポーツビジネスが世界に通用しない本当の理由
葦原一正

スポーツビジネスは特殊なビジネスではない。経営面でも海外で戦えるようになるために必要なものとは何か、スポーツに憑かれたB．LEAGUE創設の立役者が明かす熱きビジネス論。

978-4-334-04524-1

1117
大学教授、発達障害の子を育てる
岡嶋裕史

自閉スペクトラム症の息子と、自分もその傾向があった父親の日常生活奮闘記。職業柄、大量の文献を読み込み、医師、臨床心理士、役所、教師、そして世間とのズレに挑むが……。

978-4-334-04509-8

1118
渋沢栄一に学ぶ 大転換期の乗り越え方
田口佳史

道徳なくして、ビジネスは成立しない。激変する時代を生きるビジネスパーソンのために、「渋沢栄一の生涯」と『論語と算盤』、そして『論語』をもとに「仕事の本質」を説く一冊。

978-4-334-04525-8

1119
資本主義から脱却せよ
貨幣を人びとの手に取り戻す

松尾匡
井上智洋
高橋真矢

「安心な生活」が失われているのはなぜか。それは〈経済の仕組み〉に問題があるからだ。経済学の論客三人と不安定ワーカーが、いま〝発明〟すべき「新しいストーリー」を提示する。

978-4-334-04526-5

1120
カラー版 王室外交物語
紀元前14世紀から現代まで

君塚直隆

時代遅れの遺物から、平和を支える存在に――現代に力を発揮する王室・皇室外交を、紀元前の中東から中世・近代の欧州、大戦前後の英王室へと辿り、日本の皇室のあり方も振り返る。

978-4-334-04527-2

1121
ルポ 婚難の時代
悩む親、母になりたい娘、夢見るシニア

筋野茜
尾原佐和子
井上詞子

住職がサポートする「寺コン」、親が相手を探す「代理婚活」、コロナ禍での「オンライン婚活」など、十人十色の婚活模様と日本人の結婚観を共同通信の女性記者三人が徹底取材！

978-4-334-04528-9

1122

未来は決まっており、自分の意志など存在しない。

心理学的決定論

妹尾武治

「我々の自由意志とは錯覚であり、幻想である」――心理学、生理学、脳科学、量子論、人工知能、仏教、哲学、アート、文学、サブカルを横断し、気鋭の研究者が世界の秘密に挑む。

978-4-334-04529-6

1123

ドレミファソラシは虹の七色？

知られざる「共感覚」の世界

伊藤浩介

「真っ赤な嘘」は、なぜ赤色？・「いろいろ」は、なぜ「色々」？・音や文字に色を感じる〝共感覚〟はなぜ生じるのか。気鋭の脳科学研究者による、ヒトの認知の不思議に迫るスリリングな一冊。

978-4-334-04530-2

1124

巨人軍解体新書

ゴジキ（@godziki_55）

ファンもアンチも日本一多い球団、読売ジャイアンツの「勝利の哲学」とは。巨人軍の21世紀のスター選手たちを振り返りながら、パ・リーグへの対抗策を考える。

978-4-334-04531-9

1125

20世紀論争史

現代思想の源泉

高橋昌一郎

現代の思想を理解するためには、20世紀の偉大な知性が議論を重ねた諸問題を踏まえなくてはならない。「教授」と「助手」が時にユーモラスに対話しながら道案内を務める知の論争史。

978-4-334-04532-6

1126

運気を引き寄せるリーダー 七つの心得

危機を好機に変える力とは

田坂広志

「強運」のリーダーは、メンバーやチームにも「強運」を呼び込む。「運の強さ」は、誰でも意識的な努力で身につけることができる。先端科学に基づいた二一世紀の「新たな運気論」。

978-4-334-04533-3

1127
もしも、私が「がん」になったら。
81歳、現役医師の準備と決意
藤田紘一郎

81歳、免疫が専門の名物医師がとことん「がん」と向き合った。仕事は続ける？ 治療は受ける？ 改善すべき生活習慣は？ 発症しても慌てない、嘆かないためのがん入門書。

978-4-334-04534-0

1128
お笑い世代論
ドリフから霜降り明星まで
ラリー遠田

芸人の「第七世代」という言葉が一般にも広まるなか、それ以前の世代が誰なのか、どのような変遷を経て現在に至ったのかを改めて振り返る。「世代論」で読みとく戦後芸能史。

978-4-334-04535-7

1129
郵政腐敗 日本型組織の失敗学
藤田知也

郵便事業の創業から一五〇年を迎えた日本郵政グループ。従業員四〇万人を超える巨大組織の実態は、「腐敗の構造」と究極の「事なかれ主義」だ。朝日新聞のエース記者が徹底取材！

978-4-334-04536-4

1130
「倫理の問題」とは何か
メタ倫理学から考える
佐藤岳詩

それは良いことか、悪いことか。これは正義か、不正義か――。日常がゆらいだときに現れる倫理の問題に、私たちはどう向き合えばいいのか。世界の眺め方が変わるメタ倫理学入門書。

978-4-334-04538-8

1131
名画で読み解く
プロイセン王家 12の物語
中野京子

フリードリヒ大王とビスマルクという傑物を擁し、世界最強国の一角に食い込んだプロイセン。ヨーロッパの原型を作った王家の２１７年間の人間ドラマを名画とともに繙く。

978-4-334-04539-5

1132

幽霊消防団員

日本のアンタッチャブル

高橋祐貴

活動をしていないのに自治体から一定の公金を受け取る「幽霊消防団員」。全国に広がる不正の実態がこれまで放置されてきたのはなぜか？　若手新聞記者が日本のタブーを斬る！

978-4-334-04540-1

1133

「女性向け風俗」の現場

彼女たちは何を求めているのか？

柾木寛

昼の顔は営業マン、夜の顔はあらゆるお客様に分け隔てなく接するセラピスト。性だけの繋がりゆえに彼女たちが教えてくれた、この国のジェンダーとセックスの本音。

978-4-334-04541-8

1134

理系研究者の「実験メシ」

科学の力で解決！　食にまつわる疑問

松尾佑一

太陽光でもお米は炊ける？　なぜ超音波をかけるとお酒は美味しくなる？　食にまつわるふとした疑問。大学教員が自ら実験して確かめる！　食欲と知識欲を刺激する異色の食エッセイ。

978-4-334-04542-5

1135

在宅医療の真実

小豆畑丈夫

在宅医療は「より良く生きるため」の手段／初めてでもうまくいく在宅医療の受け方／家族の負担をなるべく軽く――在宅医療に関わる救急医が、込み入った全体像を丁寧に整理・解説。

978-4-334-04543-2

1136

新・人間関係のルール

辛酸なめ子

人生の問題の多くを占める人間関係。ＳＮＳの発達やパンデミックの発生によって、人間関係にも新しいルールが生まれつつある。「コミュ力不足」の著者による、クスッと笑える24話。

978-4-334-04544-9

光文社新書

1137
ジェンダーで見るヒットドラマ
韓国、アメリカ、欧州、日本
治部れんげ

「愛の不時着」はなぜヒットした？ 「半沢直樹」がウケる日本はヤバイ⁉ ジェンダー視点でドラマを見れば世界のいまも見えてくる。業界随一のジャーナリストによる新ドラマ論。

978-4-334-04545-6

1138
夢中になる 東大世界史
15の良問に学ぶ世界の成り立ち
福村国春

約40年分の過去問から、選りすぐりの15問で振り返る国際社会の歩み——。暗記しただけでは解けない、歴史の本質を突く問題を紐解けば、覚えただけの歴史が教養に変わる！

978-4-334-04546-3

1139
ディズニーとチャップリン
エンタメビジネスを生んだ巨人
大野裕之

ディズニーは、キャラクターの創作とストーリーの大切さ、権利の保持や配給会社との条件交渉などをチャップリンから学んだ。——固い友情と離別、知られざる二人の師弟関係。

978-4-334-04547-0

1140
スポーツとしての相撲論
力士の体重はなぜ30キロ増えたのか
西尾克洋

「決まり手」「体格」「怪我」「指導」「学歴」「国際化」「人気低迷」。7つのキーワードから見えてくる、伝統と進化のはざまで揺れ動く大相撲の現在。幕内全力士の解説付き！

978-4-334-04548-7

1141
糖尿病の真実
なぜ患者は増え続けるのか
水野雅登

「インスリンは一生のお付き合い」「糖尿病は不治の病」は本当なのか。脱インスリン率１００％の実績を持つ著者が、実際の治療例を紹介しつつ、現在の糖尿病治療の実情と問題点を解説。

978-4-334-04549-4